생각이
크는
인문학

**19** 기후 위기

**글** 신방실
**그림** 이진아

을파소

**목 차**

 **1장**

## 기후 변화란 무엇일까?

4장

극한 기후 시대에 살고 있는 우리

5장

2100년의 지구는 어떤 모습일까?

# 지구를 위해 내가 할 수 있는 일은 뭘까?

**머리글**

## 기후 위기, 지금 행동하면 바꿀 수 있어요.

거리에 전기로 달리는 버스가 흔해졌습니다. 전기버스에는 시커먼 매연을 뿜는 배기구가 없어요. 직접 확인해 보고 놀랐던 기억이 나요. 앞으로 전기버스는 더 늘어날 테고 언젠가는 도로를 달리는 모든 차량이 친환경적으로 바뀌게 되겠죠? 전기버스를 볼 때마다 우리 모두가 마음먹으면 무엇이든 바꿀 수 있다는 것을 실감합니다.

제가 대학에서 대기과학을 공부하던 2000년대 초반에는 지구온난화나 기후 변화라는 말조차 생소했는데요, 시간이 지나면서 기상 이변이 잦아지고 '슈퍼태풍'이나 '슈퍼 엘니뇨'라는 말이 언론에 자주 등장하기 시작했어요. 그 무렵 기자 생활을 시작한 저는 취재 현장을 누비며 해가 갈수록 기후 변화의 폭이 점점 커지는 것을 온몸으로 느낄 수 있었습니다.

2010년대를 지나 2020년에 접어들면서 더 이상 기후 변화라는 말로는 충분하지 않게 됐어요. 과거의 기록을 비웃

듯 극한 기상 현상들이 잦아지기 시작했는데요, 세계기상 기구는 2015년을 기점으로 극단적인 기상 이변이 지극히 당연하게 여겨지는 '뉴노멀 시대'가 도래했다고 발표했죠. 찌는 듯한 폭염이 한 달 넘게 이어지고 늦가을까지 태풍이 줄줄이 찾아오는 비정상적인 날들이 일상이 된다면 어떨까요? 생각만 해도 암울해요.

그러나 비관하기만은 아직 일러요. 기후 변화를 예측할 수 있는 기술은 갈수록 진화하고 있고, 기후 변화가 불러올 미래를 점점 더 확실하게 내다볼 수 있게 되었으니, 미래를 바꿀 행동을 더 이상 미뤄선 안 됩니다.

현재 우리가 배출한 온실가스는 최대 수백 년 동안 사라지지 않고 대기 중에 머물게 됩니다. 미래 세대에게 갚을 수 없는 빚을 계속 물려 주고 있는 셈이지요. 당장 온실가스 배출을 멈춘다고 해도 그 효과는 한참 뒤에 나타나게 될 겁니다. 그러나 지금부터라도 온실가스 배출을 적극적으로 줄여 나간다면 변화는 분명 나타날 거예요. 경유버스 대신 전기버스가 도로를 누비게 된 것처럼 말이죠.

2020년에는 전 세계가 코로나19라는 바이러스와 유례없는 전쟁을 치르게 됐습니다. 바이러스를 막기 위해 국경이 봉쇄됐고, 공장과 발전소는 가동을 멈췄죠. 항공기 운항도 크게 줄었는데요, 그 결과 온실가스 배출이 일시적으로 줄고 미세먼지 농도도 낮아져 '코로나19 효과'라고 불리기도 했습니다. 생태계가 빠르게 회복되고 사람들의 발길이 끊긴 거리에 야생동물들이 떼 지어 나타났다는 소식도 들려왔습니다. 지구에서 '인간'이라는 딱 한 종만 사라지자 이러한 일들이 일어난 겁니다.

그러나 코로나19 효과도 잠시뿐, 전 세계는 경제 활동 재개를 선언했고 이산화탄소 농도는 다시 늘기 시작했습니다. 한 가지 희망은 인간 활동이 줄자 온실가스 배출이 실제로 줄었다는 건데요, 줄어든 온실가스 배출량은 우리가 행동한다면 기후 변화를 막을 수 있다는 것을 의미합니다.

눈치만 보며 행동을 미루기에는 미래 세대에 대한 현재 세대의 책임이 너무나 큽니다. 기후 변화가 기후 위기를 넘어 재앙이 되는 것을 막기 위해 우리가 무엇을 할 수 있을지 함께 고민해 봐요.

마지막으로 이 책을 사랑으로 키워 주신 저의 어머니께 바칩니다.

2020년
신방실

## 기후랑 날씨는 어떻게 다를까?

　잠에서 깨어나 창밖을 봤을 때 눈이 부시게 파란 하늘이 펼쳐져 있으면 나도 모르게 기분이 좋아져요. 그런가 하면 어떤 날은 하루 종일 비가 내리고 또 어떤 날은 견디기 힘들 정도로 덥거나 춥기도 해요. 날씨는 이렇듯 매일 변하죠. 여러분은 특별히 좋아하는 날씨가 있나요? 19세기 영국의 비평가였던 존 러스킨은 이런 표현을 남겼어요.

　"햇볕은 감미롭고, 비는 상쾌하고, 바람은 힘을 돋우며, 눈은 마음을 설레게 한다. 세상에 나쁜 날씨는 존재하지 않는다. 단지 서로 다른 종류의 좋은 날씨가 있을 뿐이다."

　역시 작가여서 그런지 표현이 남다르죠? 매순간 우리의 기분이 변하는 것처럼 날씨 역시 하루도 똑같은 날이 없어요. 우리가 살펴볼 기후는 매일 변하는 날씨와 다른 개념이에요. 날씨가 오르락내리락 변화무쌍한 '기분'에 비유된다면 기후는 잘 바뀌지 않는 '성격'이라고 보면 돼요. 적극적이다, 조용하다, 차분하다 등등 성격을 표현하는 많은 말들이 있죠. 성격은 타고난 기질과 환경의 영향을 받기 때문에 하루아침에 변하지 않아요. 기후도 마찬가지예요. 하루하루의 날씨가 수십, 수백 년 동안 모이면 오랜 기간을 평균한 날씨인 기후가 되는 거예요.

오늘 무슨 옷을 입을지 결정하게 해 주는 것은 날씨지만 앞으로 어떤 옷을 입고 어떻게 살아갈지 알려 주는 것은 기후예요. 우리나라에서는 가을이 끝나갈 무렵 두꺼운 코트와 패딩을 옷장에 꺼내 둡니다. 김장을 하거나 보일러를 점검하며 겨울에 대한 준비를 시작하죠. 겨울에는 추위가 찾아온다는 것을 오랜 경험을 통해 알기 때문이에요. 또 겨울철 날씨는 우리나라의 한강이 얼 정도로 추웠다가 다시 풀렸다가 변덕이 심하지만, 겨울철 기후는 전반적으로 춥고 눈이 많이 와요. 이처럼 날씨가 매순간 변하는 게 정상이라면 기후는 잘 변하지 않고 지속되는 게 정상이에요.

사실 날씨는 지구에 살기 때문에 누릴 수 있는 선물이기도 해요. 거대한 태풍이나 폭우는 두렵기도 하지만 존 러스킨의 말처럼 다양한 날씨는 지구에 사는 우리가 누릴 수 있는 축복이거든요.

지구에 존재하는 대기층과 물 그리고 적당한 햇볕은 다채로운 날씨를 만들어 내요. 햇볕에 증발한 물이 공기 중으로 올라가 구름을 만들고 비나 눈을 내리지요. 특히 공기의 흐름이 만들어 내는 거대한 대기와 물의 순환은 지구에 날씨가 생기게 하는 데 중요한 역할을 했어요. 또 지구가 기울어진 채로 태양 주위를 공전하면서 봄, 여름, 가을, 겨울이라는 계절이 생겼어요.

우주에서 지구와 가장 가까이 있는 달에는 날씨가 존재하지 않아요. 달에도 대기가 있긴 하지만 대기를 꽉 붙들어 주는 중력이 지구의 6분의 1 정도로 약해서 표면에 대기가 희박해요. 물도 존재하지 않아 항상 고요한 모습이지요. 언뜻 평화로워 보이지만 달의 최고 기온은 영상 110℃가 넘고, 최저 기온은 영하 170℃까지 곤두박질쳐요. 낮과 밤의 기온이 롤러코스터를 타듯 오르락내리락하는 거예요.

그런가 하면 금성은 태양계의 찜질방 같은 곳이에요. 지구와 가까운 행성이지만 금성의 날씨는 지옥이라고 불릴 정도로 무시무시해요. 금성의 대기는 대표적인 온실가스인 이산화탄소로 이뤄져 있어요. 중력이 지구와 비슷하기 때문에 이산화탄소는 금성을 둘러싼 채 열을 가둬 두죠. 이 때문에 금성은 최고 기온이 450℃ 이상 치솟아요. 금성의 표면에 발을 디디는 순간, 사람이건 탐사선이건 연기처럼 증발할 가능성이 높아요.

인류의 다음 우주 탐사 목표로 꼽히는 화성은 어떨까요? 화성의 대기는 금성과 마찬가지로 이산화탄소가 95%를 차지하지만 중력이 매우 작아서 대기층이 희박해요. 금성은 온실가스인 이산화탄소가 너무 많아서 문제, 화성은 적어서 문제인 셈이죠. 금성이 두꺼운 담요를 덮고 있다면 화성의 담요는 너무 얇아서 하루 사이에도 기온이 영하 150℃에서 영상 30℃ 사이를 오르내린답니다. 최고 기온이 금성과 비교하면 양호한 편이지만, 최저 기온은 지구의 남극보다도 훨씬 낮아요. 이러한 극한 기후의 행성에서 인간이 생존하기는 힘들 거예요. 넓은 우주에서 우리에게 알맞은 날씨와 기후를 갖춘 곳이 이렇게 적다니, 과연 지구가 우리에게 선물이라고 해도 과언이 아니겠죠?

# 기후는 어떻게 우리의 삶을 변화시켰을까?

태양계 다른 행성들의 날씨를 보니 지구의 날씨가 얼마나 축복인지 새삼 느낄 수 있어요. 하루하루의 날씨가 중요한 이유는 우리의 삶과 밀접한 관련이 있기 때문이에요. 날씨가 모여서 기후가 되고, 사람들은 기후를 기반으로 옷을 입고, 음식을 먹고, 집을 지어요. 기후는 의식주에 영향을 줄 뿐만 아니라 인류가 문명을 형성하는 데 가장 중요한 역할을 했어요.

지구에 사는 사람들은 서로 다른 기후에서 살아가요. 우리나라는 봄, 여름, 가을, 겨울 사계절이 뚜렷한 온대 기후를 지니고 있어요. 오랜 옛날부터 변함없었기 때문에 기후에 맞는 문화가 발전해 왔어요. 여름에는 시원한 대청마루에서 수박을 먹고, 겨울에는 따뜻한 온돌방에서 몸을 녹이는 식으로 말이에요. 이처럼 모든 나라가 각자의 기후에 맞는 문화를 일구어 왔어요. 열대 기후나 건조 기후, 한대, 냉대, 고산 기후도 마찬가지예요.

열대 기후는 뜨거운 햇볕과 정글을 떠올리면 돼요. 적도와 가까운 동남아시아와 중남미, 아프리카 같은 곳이죠. 강수량이 적은 건조 기후 지역에는 아프리카의 사하라 사막처럼 지구에서 가장 큰 사막들이 분포해 있죠. 냉대와 한대 기후는 남극과 북극을 비롯해 북극권의 캐나다, 알래스카, 북유럽 국가들을 떠올리면 돼요. 그중에서 남극은 지구에서 가장 혹독한 기후를 지닌 곳으로 원주민이 존재하지 않고 대신 연구자들만 드나들고 있어요. 우리나라와 같은 북반구 온대 기후 지역은 적당한 기온과 강수량 덕분에 많은 인구가 집중되어 있어요.

그런데 왜 기후를 문명이라고 하는 걸까요? 살기 좋은 온대 기후 지역에 모두 모여 살면 될 것 같은데 북극이나 사막에서도 문명이 싹튼 이유는 또 뭘까요? 지금은 하루 만에 지구 반대편까지 이동할 수 있지만, 과거에는 대부분 처음 태어난 곳에서 평생을 살아갔어요. 사는 지역의 기후에 따라서 의식주가 서로 다를 수밖에 없었고, 인류는 각자의 기후에 맞는 방식으로 적응해 문명을 탄생시켰지요.

사막에서 태어난 아이와 북극에서 태어난 아이를 생각해 볼까요? 사막의 아이는 햇볕을 피할 수 있는 헐렁한 옷과 모자를 쓰고 지냈어요. 아기 때부터 낙타를 타고 물을 찾아 이동하는 유목 생활을 했을 테죠. 건조한 기후에도 살아남을 수 있는 밀을 재배해 빵을 주식으로 먹게 되면서 유목 생활 대신 마을을 만들어 정착하는 경우도 생겼어요.

집은 모래바람을 피할 수 있도록 튼튼하게 지었고, 창문은 작게 만들었어요.

북극의 아이는 태어나면서부터 거센 눈보라를 겪어야 했어요. 얼음에 나가 낚시와 사냥을 배웠고, 순록을 길들이는 법도 터득했죠. 부족 전체가 동원되는 고래 사냥에 성공하는 날은 축제날이었어요. 얼음으로 이글루를 짓는 일도 거들었어요. 눈을 벽돌처럼 아치형으로 쌓아 올린 이글루는 찬 공기가 거의 들어오지 않아 엄청 아늑했답니다.

어떤가요? 태어난 곳의 기후에 따라 잘 적응해 살아가는 모습이 멋지지 않나요? 저는 대학에서 대기과학을 전공하며 '기후와 문명'이라는 수업을 처음 들었어요. 당시 과학의 영역이라고 할 수 있는 기후가 인류의 역사와 문명에 어떤 영향을 미쳤는지 알게 됐고 무척 놀라웠던 기억이 납니다. 기후가 곧 문명이라는 말의 뜻을 깨닫게 된 거예요.

인류의 조상은 각자의 기후에 적응해 뿌리내렸는데, 혹독한 기후보다는 온화한 기후가 살아가기에 더 유리했을 거예요. 그 결과 인류 최초의 문명은 모두 물이 풍부하고 온화한 온대 기후 지역에서 탄생했지요. 철학과 과학이 눈부시게 발전했던 그리스·로마 시대의 기후도 사람들이 살아가기에 적당한 기후를 지니고 있었어요.

# 기후 위기가 재배한 한국산 커피

"제주도 이미 아열대, 바나나가 주렁주렁"

"111년 만의 폭염, 관측 이후 최고 기온"

혹시 이런 문구를 본 적이 있나요? 최근 심심치 않게 볼 수 있는 기사 제목들이에요. 이처럼 뉴스에는 제주도나 남해안에서 바나나를 재배하고 커피콩도 키운다는 소식이 심심치 않게 들려오고 있어요. 물론 비닐하우스에서 키우는 것이지만 말이죠.

우리나라는 온대 기후에 속하지만, 최근 제주도와 남해안은 점차 아열대 기후로 변해 가고 있어요. 월 평균 기온이 10℃ 이상인 달이 1년에 8개월을 넘으면 아열대로 보는데, 제주와 통영, 목포 등지는 이미 아열대 기후의 조건을 충족하고 있죠. 우리나라의 기후가 변한 걸까요? 날씨는 매일 변하는 것이 정상이지만, 기후는 변하지 않는 것이 정상이라고 그랬는데 말이에요.

기후는 잘 변하지 않는 게 정상이지만, 최근에는 달라졌습니다. 평균적으로 나타나는 기후와는 엄청나게 동떨어진 기상 이변이 크게 증가하고 있거든요. 최근 '111년 만의 폭염', '최강 북극 한파'와 같은 기상 이변이 잦아지면서 잘 변하지 않는 기후를 변화시키고 있어요.

만약 평소 조용하던 사람이 어느 날 갑자기 엄청난 수다쟁이로 변하면 어떨까요? 주위 사람들은 그 사람이 원래 어땠는지 기억하고 있기 때문에 뭔가 엄청난 변화가 일어났다는 사실을 직감할 거예요. 기후가 변하는 것도 이와 비슷한 일이죠.

방송 기자인 저는 기상 이변이 발생하면 취재를 위해 거리로 나가요. 시민들을 인터뷰하다 보면 연세가 많으신 어르신들은 "내가 80년 넘게 살았지만, 이런 날씨는 처음이야"라고 말씀하신답니다. 어르신들의 경험도 중요한 정보가 되지만, 진짜 기상 이변인지 판단하기 위해서는 신뢰할 만한 과학적 기준이 필요해요. 이때 활용되는 것이 바로 '평년값'이에요. 평년값은 기온, 습도, 강수량 등과 같은 최근 30년간의 기상 요소를 평균 낸 값이랍니다. 평년값을 비교해 보면 앞으로의 날씨를 예측해 볼 수 있어요.

실제 사례를 한번 볼까요? 2018년 8월 1일은 지금도 생각날 만큼 더운 날이었어요. 평소 무더위가 심한 대구도 아닌 서울의 최고 기온이 40℃에 가까운 39.6℃까지 올라갔죠. 8월 1일이면 장마가 끝나고 무더위가 절정인 시기인데

요, 그해 여름은 유난히 뜨거운 공기 덩어리들이 한반도를 에워싸면서 끝이 보이지 않는 폭염이 이어졌답니다.

아무리 무더운 시기이긴 하지만 과거에도 그렇게 더웠을까요? 서울의 8월 1일 최고 기온의 평년값을 찾아보면 문제는 단번에 해결돼요. 과거 1981년부터 2010년까지 30년 동안 8월 1일에 나타난 서울의 최고 기온은 평균적으로 30.6℃였어요. 2018년 8월 1일의 서울이 얼마나 이례적으로 더웠는지 확실하게 비교가 되죠? 평소에는 30℃의 더위를 견디면 됐지만, 2018년에는 사람의 체온인 36.5℃를 훌쩍 뛰어 넘는 '기상 이변'이 찾아왔답니다.

당시 언론에서는 이를 '기상 관측 이후 111년 만의 폭염'이라고 보도했어요. 언뜻 생각하면 111년 전에도 비슷한 폭염이 있었다는 말인가 헷갈리기도 하지요? 1907년 서울에서 근대적인 기상 관측을 시작한 이후 111년 만인 2018년에 최고 기록이 세워졌다는 뜻이에요. 이와 같은 현상을 기상 용어로 '극값'이라고도 불러요.

여름철 최고 기온뿐만 아니라 겨울에는 비와 눈이 얼마나 내렸는지, 봄에는 바람이 얼마나 세게 불었는지 뭐든 궁금하면 평년값과 비교해 보면 돼요. 지난 30년 동안 날씨의 평균인 평년값은 기후이기 때문에 기상 이변을 판단하는 절대적인 기준이 될 수 있어요.

평년값은 계속 고정되어 있지 않고 10년마다 업데이트를 해요. 우리나라는 2011년 이후에는 1981년부터 2010년까지 30년의 평균을 평년값으로 사용했어요. 2021년부터는 10년 앞당긴 1991년부터 2020년까지의 자료를 평년값의 기준으로 사용할 거예요. 이렇게 평년값을 새로 내는 이유는 기후도 마냥 한곳에 머물러 있지는 않기 때문이에요. 특히 최근에는 '기후 변화'라는 말이 일상이 될 정도로 급속하게 변하고 있으니 평년값도 달라지겠죠?

만약 1시간에 50㎜가 넘는 폭우가 일상이 됐는데, 1960년대 평년값을 그대로 사용하면 어떻게 될까요? 방송에서는 매일매일 기상 이변이 발생했다는 뉴스를 전할 거예요. 기상 이변이 일상이 되면 사람들에게도 큰 경고의 의미를 줄 수 없기 때문에 시대에 맞게 평년값을 바꿔 나가요.

2011년 7월 27일 서울에는 1시간에 113㎜라는 엄청난 비가 쏟아졌어요. 우면산 산사태로 큰 피해가 발생했는데, 당시의 기억이 아직도 생생해요. 서울 도심의 광화문과 강남 거리도 모두 물에 잠겨 버렸지요. 시간당 강수량이 30㎜만 넘어도 산사태 위험이 엄청나게 커지고, 50㎜를 넘어서면 맨홀에서 빗물이 거꾸로 솟구치면서 도로가 금세 물에 잠겨 버려요.

2000년대 들어 우리나라에서 시간당 50㎜가 넘는 비가 내린 횟수를 집계해 봤더니 172회로, 1980년대보다 35%나 늘었어요. 10년 단위로 변화를 살펴봐도 그 추세를 읽을 수 있죠? 100년에 한 번 올까 말까 했던 '시간당 100㎜ 이상 폭우'도 이제는 10년에 2, 3차례로 잦아지고 있어요. 과거에는 상상할 수도 없었던, 평년값을 비웃는 듯한 날씨가 최근 들어 더욱 자주 나타나고 있죠. 이러한 극한 기상 현상은 날씨의 평균에 반영되면서 평년값을 변화시켜요. 기후 역시 우리가 모르는 사이에 변해 가고 있답니다.

## 기후가 변하는 게 왜 문제일까?

오랜 역사를 살펴보면 과거에도 기후는 계속 변해 왔어요. 단 지금처럼 빠른 속도는 아니었고 변화를 이끈 주체도 달랐어요.

과거 지구에는 대략 10만 년이라는 엄청나게 긴 시간을 주기로 빙하기와 간빙기가 번갈아 찾아왔어요. 빙하기는 지구의 기온이 내려가 남극이나 그린란드 같은 극지방을 중심으로 얼음이 많아지는 시기를 뜻해요. 간빙기는 빙하기의 사이라는 뜻으로 따뜻해지는 시기라고 생각하면 돼요. 지구 전체의 평균 기온이 변하는 현상인 빙하기와 간빙기는 아주 오랜 시간에 걸쳐 진행돼요. 그러니 올해가 유난히 춥다고 해서 빙하기라고 단정할 수는 없어요. 빙하기와 간빙기의 평균 기온 변화폭은 4~5℃ 정도였고, 주요 원인은 지구의 자전축 기울기나 태양의 흑점 변화 같은 자연적인 요인이었어요.

그러나 지금은 자연이 아닌 인간의 활동에 의해 기후 변화가 아주 빠른 속도로 진행되고 있어요. 산업혁명 이후 200년 남짓의 짧은 시간 동안 경제가 급속히 발전하면서 세계 인구는 60억 명으로 4배 증가했어요. 또 석탄과 석유 같은 화석연료를 많이 사용하면서 산업혁명 이전에는 280ppm 수준이었던 이산화탄소 농도가 2015년에는 처음으로 400ppm을 넘어섰지요. ppm은 'parts per million'의 줄임말로 100만 분의 1을 의미해요. 그러니까 공기 분자 100만 개 가운데 280개였던 이산화탄소가 400개 이상으로 늘어난 거죠. 이산화탄소 배출량은 이후에도 멈추지 않고 인류 역사상 최고 수치를 향해 계속 치닫고 있어요.

이산화탄소는 대표적인 온실가스로 지구온난화의 주범

이에요. 이산화탄소는 한번 배출되면 대기 중에 오래 머물며 지구의 에너지를 모두 가두는 역할을 하죠. 그런데 사람들의 무분별한 이산화탄소 배출로 결국 지구는 열의 균형을 이루지 못하고 점점 뜨거워지고 있어요. 과거 10만 년 주기로 찾아온 기후 변화와 현재 200년 만에 벌어진 기후 변화, 그 속도의 차이를 실감할 수 있겠죠?

사람들은 처음에 인간이 지구의 기후를 바꿀 수 있다는 사실을 받아들이지 않았어요. 자연은 언제나 스스로 균형 상태를 회복할 거라는 믿음이 있었지요. 이산화탄소 농도가 높아지더라도 바다에 흡수될 거라고 생각했어요. 만약 지구가 따뜻해지더라도 그린란드 같은 북극에서 농사를 지을 수 있고, 북극 항로도 얼음 없이 지날 수 있어 더 살기 좋아질 거라고 생각하기도 했어요. 그러나 이러한 예상은 보기 좋게 빗나갔어요. 1950년대 이후에 비로소 과학자들은 인간에 의해 배출된 이산화탄소의 실체를 정확하게 파악하기 시작했어요.

"인간은 과거에도 벌어지지 않았고, 미래에도 재현되기 힘들 거대한 규모의 지구 물리학적 실험을 하고 있는 중이다. 불과 몇 세기 안에 우리는 수억 년 동안 지하에 집적돼 있던 유기탄소물질을 대기와 해양으로 배출해 버릴 것이다."

 당시 미국 스크립스 해양연구소의 과학자였던 로저 레벨과 미국 지질조사국 한스 수에스 박사는 기후 변화에 대해 이렇게 경고했어요. 지하에 묻혀 있던 석탄과 석유를 태워 온실가스를 펑펑 배출하는 행동, 그러니까 지구 역사상 과거에는 없었던 거대한 '실험'의 결과를 예감한 걸까요?

 1970년대부터 거대한 실험의 결과가 나타나기 시작했어요. 1850년부터 1900년대 초까지 지구의 연도별 평균 기온은 오르락내리락하긴 했지만 일정한 수준으로 유지됐는데요, 오히려 약간 추울 때가 많았죠. 산업혁명으로 늘어난 공장에서 햇빛을 반사하는 초미세먼지인 에어로졸을 많이 배출한 것이 원인이에요. 그러나 이러한 현상은 일시적이었어요. 1975년을 기점으로 평균 기온이 파죽지세로 올라가기 시작하더니, 2000년대 이후에는 과거 평균보다 1℃ 이상 증가했어요. 이런 속도로 지구의 기온이 빠르게 높아진 것은 처음 있는 일이었어요.

 "기온이 겨우 1℃ 올라간 것이 무슨 큰일일까?"라고 생각할 수 있어요. 하루 사이에도 일교차가 10℃ 이상 벌어지기도 하니까요. 그러나 지구의 '평균 기온'이 이만큼 올라갔다는 것은 엄청난 의미를 지녀요. 지구는 광범위한 면적의 육지와 바다로 이뤄져 있고, 특히 바다는 아무리 많은 열을 받아도 아주 천천히 데워지는 특성이 있거든요.

우리나라의 기온이 1℃ 올라갔다고 지구 전체가 뜨거워졌다고는 볼 수 없어요. 우리나라뿐만 아니라 지구에 존재하는 모든 지역의 기온이 1℃ 올랐을 때 비로소 지구의 평균 기온이 1℃ 올라갔다고 하지요. 지구 전체 기온이 1℃ 정도 올라가면 날씨를 비롯해 빙하의 면적이나 질병, 생태계 등에 큰 영향을 미칠 수 있어요. 기온이 오르면 더 많은 수증기가 증발하면서 더 강력한 비구름이 발달해 어떤 지역에는 폭우가, 반대로 어떤 지역에는 가뭄이 심해지기도 해요. 북극과 남극의 얼음도 빠른 속도로 녹으면서 주변 지역의 날씨를 바꾸고 생태계에도 커다란 영향을 미치지요. 실제로 기후학자들은 지구의 평균 기온이 1℃ 상승하면 북극 바다의 얼음이 영영 사라지고 생물종의 10% 정도가 멸종할 것으로 예상하고 있어요. 또 더워진 날씨 탓에 모기에 의해 전염되는 말라리아 같은 기후 관련 질병으로 수많은 사람들이 목숨을 잃게 될 거예요. 늦기 전에 막아야겠죠?

그러나 이미 지구촌 곳곳에서 과거의 평년값을 비웃는 기상 이변이 크게 증가하고 있어요. 이대로라면 2040년쯤

지구의 평균 기온은 산업혁명 전보다 1.5℃ 이상 상승할 것으로 예상돼요. 기온 상승과 함께 인류는 과거에 경험해본 적 없는 날씨 속에서 고통받게 될 거예요. 과연 이러한 결과는 누구의 책임일까요? 산업혁명의 풍요를 누리고 편리한 생활에 익숙해져 살아가는 우리의 책임은 없을까요?

## 비정상이 일상이 된다면?

> "2015년을 기점으로 극단적인 기후가 지극히 당연하게 여겨지는 뉴노멀 시대가 도래했다."
>
> - 세계기상기구 -

'뉴노멀(New Normal)'은 '새로운 평균'이라는 뜻으로 '비정상이 정상이 되는 시대'를 의미해요. 만약 하루도 빠짐없이 기상 이변이 발생한다면 어떨까요? 하루하루 날씨를 평균한 기후 역시 정상적인 범위를 넘어설 수밖에 없겠죠. 부자연스러운 '뉴노멀'이 '일상'이 된다면 우리는 지금까지 경험한 것과 전혀 다른 시대를 살게 될 거예요. 과연 우리는 그 변화를 감당할 수 있을까요?

미국의 멕시코만 주변에서 해마다 발생하는 강력한 허리

케인은 어마어마한 피해를 가져와요. 허리케인이 예보되면 주민들은 집을 떠나 고단한 대피 행렬에 오르는데요, 마트의 식료품은 바닥나고 주유소에는 차에 연료를 채우기 위한 줄이 길게 늘어서요. 그런데 슈퍼 허리케인이 일상이 된다면 어떨까요? 피해를 복구해 봤자 그다음 해에 또 허리케인이 오는 일이 반복될 테니 아예 복구를 하지 않고 주민들을 영구적으로 대피시키는 게 나을지도 몰라요.

우리나라 역시 마찬가지예요. 보통 태풍은 여름철에 몰려오는데요, 최근 들어 여름뿐만 아니라 가을까지 많은 태풍이 북상하고 있어요. 1959년 역대 최악의 피해를 준 가을 태풍 '사라'는 1950년 한국전쟁 이후 재난에 대한 대비가 부족한 상황에서 엄청난 피해를 몰고 왔어요. 60년 뒤인 2019년에도 7개의 태풍이 줄줄이 발생하면서 피해를 복구할 틈도 없이 또 다른 태풍을 맞게 됐지요. 이 정도로 자주 태풍이 발생한 것은 60년 동안 두 차례였지만, 만약 매년 태풍 7개가 찾아오는 게 일상이 된다면 어떨까요? 태풍의 피해가 잦은 지역에서는 더 이상 농사를 지을 수 없게 될지도 몰라요.

가을 태풍이 늘고 있는 것은 전 세계적으로 보이는 뚜렷한 변화예요. 천천히 뜨거워지는 바다의 특성으로 가을의

문턱인 9월까지 태풍이 찾아오기는 했지만, 지구온난화로 도무지 식지 않는 바다 덕분에 10월에도 슈퍼태풍을 걱정하게 되었지요. 가을이 되면 북쪽에서 내려오는 차가운 공기가 태풍이 몰고 온 덥고 습한 공기와 만나면 대기가 불안정해져 더 거센 폭우가 내리기도 해요.

특히 2010년대에 접어들면서 늦가을까지 폭염이 계속되는 현상이 뚜렷해졌는데요, 북서 태평양의 바다 역시 9월을 지나 10월까지도 해수면 온도가 29℃ 이상 유지됐고, 이례적으로 강력한 가을 태풍들을 불러왔어요. 열대 바다의 수증기에서 만들어지는 태풍은 바닷물 수온이 26∼27℃ 정도만 되면 발생할 수 있어요. 게다가 태풍이 올라오는 일본과 우리나라 남해의 바닷물도 뜨거워서 가을 태풍은 세력이 거의 약해지지 않아요. 큰 피해를 주었던 1959년 태풍 '사라'와 2002년 '루사', 2003년 '매미'는 모두 가을 태풍이었죠.

만약 온난화로 10월을 지나 11월까지도 해수면 온도가 계속 높게 유지된다면 어떻게 될까요? 우리는 여름과 가을 내내 태풍 소식에 귀를 기울이게 될지도 몰라요. 과한 상상 같지만 기후학자들은 충분히 가능한 시나리오라고 말하고 있지요. 과거에는 10월에 영향을 준 태풍이 10개 중 하나로 매우 드물었지만 앞으로는 더 늘어날 수 있어요. 태풍이 영향을 주는 기간이 길어지면 우리의 삶은 어떻게 변화할까요?

단풍이 빨갛게 물드는 우리나라의 가을은 축제의 계절이에요. 그런데 2016년부터 가을 태풍이 연이어 한반도를 찾아왔어요. 이렇게 연달아 가을에 태풍이 온 건 처음 있는 일이었어요. 애써 준비한 축제가 취소되는 것은 물론, 수확을 앞둔 논과 밭도 태풍에 큰 피해를 입었죠.

우리 생활에 큰 영향을 미치는 건 태풍만이 아니에요. 최근 우리나라를 비롯해 전 세계적으로 기록적인 폭염이 잦아지고 있어요. 옛날에는 겨울 추위만 재난이라고 생각했지만, 요새는 오히려 여름철 폭염 사망자가 늘었답니다. 고령화로 노인 인구가 늘면서 열사병에 걸리거나 당뇨, 심혈관질환 등 원래 지니고 있던 질병이 뜨거운 날씨에 악화되면서 사망자가 크게 늘어나고 있어요.

이상 고온 현상으로 건조한 날씨가 계속되자 가뭄이 지독해지고 산불 피해도 커지고 있어요. 특히 긴 산맥이 이어지는 동해안 지역의 산불이 잦아지고 있어요. 기후 변화로 여름에는 폭우가 잦아지는데, 봄이나 가을은 반대로 더 건조해지는 경향이 나타나고 있어요. 우리나라뿐만 아니라 미국이나 호주에서도 매년 대형 산불로 애를 먹고 있어요. 불길에 휩싸여 코알라 같은 야생동물들까지 피해를 입는 모습이 뉴스에 자주 나오는데요, 원인은 마찬가지로 이상 고온 현상에 있답니다.

이 현상들은 모두 기후 변화로 극단적인 기상 현상들이 일상이 되어 가고 있다는 증거입니다. 그리고 기후가 변하면 우리의 일상 또한 변한다는 걸 보여 주는 사례기도 하죠. 만약 우리의 삶 속에 더욱 가까이 스며들고 있는 기후의 변화를 외면한다면 2100년의 지구는 어떤 모습으로 변해 있을까요?

**지구는 살아있다, 가이아 이론**

그리스 신화에서 가이아는 대지의 여신이에요. 영국의 과학자 제임스 러브록은 지구가 하나의 생명체처럼 유기적으로 연결되어 있다는 가이아 이론을 발표했어요. 지구를 구성하는 생물들이 몸 속 세포들처럼 서로에게 영향을 미친다는 건데, 인류의 문명이 몸의 암세포처럼 지구를 파멸로 몰고 갈 수도 있다고 주장했어요.

지구온난화와 환경 파괴가 심해지고 있는 지금은 가이아 이론을 좀 더 넓은 의미로 받아들일 수 있습니다. 인간 위주의 개발이 극에 달하면서 지속 가능한 개발을 통해 지구를 보호하고 다른 종들의 멸종을 막아야 한다는 점에서 공감이 이뤄지고 있지요. 대지의 여신인 가이아도 처음에는 스스로 균형을 되찾기 위해 노력할 수 있었어요. 하지만 온난화가 절정에 달하고 있는 지금, 앞으로도 가이아는 평형 상태를 유지할 수 있을까요?

# 쾨펜이 구분한 지구의 기후

　기후를 결정하는 3가지 요소는 기온과 강수량, 그리고 바람이에요. 이에 따라 지구의 기후를 구분한 것이 바로 기후대입니다. 쉽게 말해 기후에 따라 지역을 구분한 것이죠. 기후대라는 것이 무엇인지 좀 더 자세히 살펴볼게요.

　열대와 건조, 온대, 냉대, 한대로 구분되는 5개의 기후대는 독일의 기후학자인 쾨펜이 처음 만들었어요. '기후'하면 '쾨펜'만 떠올려도 될 만큼 세계에서 가장 널리 쓰이는 기후 구분법이에요.

　5개의 기후대에 고산 기후를 추가하기도 해요. 기온이나 강수량에 따라 온대 기후는 온난 습윤 기후, 여름에 많은 비가 내리는 하우 기후, 서안 해양성 기후, 지중해성 기후로, 열대 기후는 사바나 기후와 열대우림 기후로, 건조 기후는 사막 기후와 스텝 기후로 더 자세히 나누기도 해요.

　북반구 중위도에 위치한 우리나라는 온대 기후대에 속해요. 쾨펜의 기후 구분에 따르면 온대 기후는 아무리 추운 달이라도 평균 기온이 영하 3℃ 아래로 떨어지지 않아야 해요. 온대 기후 지역은 사람이 살아가기에 적당한 온도로 가장 많은 인구가 몰려 있는 곳이지요. 열대 기후대와 한대 기후대의 중간 정도에 위치하는 온대 기후대는 위도로 보면 남·북위 30°에서 60° 사이의 중위도에 자리하고 있어요.

열대기후   냉대기후
건조기후   한대기후
온대기후

쾨펜의 기후 구분도

기후를 결정하는 건
기온, 강수량, 바람
이 세 가지!

기후하면 이분이죠!
괘변! 아니…쾨펜!

서울과 파리는 같은 중위도에 있지만 기후가 달라요. 파리는 바다의 영향으로 서울보다 여름이 선선하고, 겨울은 따뜻해요. 비는 연중 고르게 내려서 여름에 유독 많은 비가 쏟아지는 우리와는 다른 모습이에요. 파리는 온대 서안 해양성 기후, 서울은 대륙과 해양의 영향을 동시에 받아 겨울이 건조하고 여름이 더운 온대 하우 기후에 속한답니다. 우리나라에서도 제주도는 연중 강수량이 풍부하고 여름이 더운 온난 습윤 기후대로 분류되니 얼마나 기후 구분이 자세한지 알겠죠?

기상청에서 발표한 우리나라 기후의 특징을 한번 볼까요? 이번 기회에 우리나라 여름이 얼마나 덥고, 비는 얼마나 오는지, 계절에 따른 바람이나 습도는 어떤지 함께 살펴봐요. 아래의 기후 자료는 전국 45개 관측소에서 1981년부터 2010년까지 30년 동안 관측된 자료를 평균한 우리나라의 '평년값'이랍니다.

● **기온** : 우리나라의 기온은 중부 산간과 섬 지방을 제외하고, 연 평균 기온은 10~15℃이며, 가장 무더운 달인 8월은 23~26℃, 가장 추운 달인 1월은 -6~3℃입니다.

- **강수량** : 중부지방은 1200~1500㎜, 남부지방은 1000~1800㎜, 제주
도는 1500~1900㎜입니다. 1년 강수량의 50~60%가 여름에 내립니다.

- **바람** : 겨울은 북서풍, 여름에는 남동풍이 강하며 계절에 따른 바람의 변
화가 뚜렷이 나타납니다. 9월과 10월은 바람이 비교적 약하고 해안 지역에
는 해륙풍*의 영향이 뚜렷합니다.

- **습도** : 전국적으로 60~75% 범위이며 7월과 8월은 70~85%, 3월과 4
월은 50~70% 수준입니다.

- **장마** : 6월 중순 후반에 제주도부터 시작해 6월 하순 초반에 점차 중부지
방에 이르게 되며, 장마 기간은 30일 안팎입니다.

- **태풍** : 북태평양 서쪽 바다에서 1년에 26개 정도가 발생하며, 이 가운데
3개가량의 태풍이 우리나라에 직·간접적인 영향을 줍니다.

---

✹ **해륙풍** 맑은 날 해안가에서 24시간을 주기로 바다와 육지의 기온 차이에 의해서 발생하는 바람.

# 2장
# 기후 변화는 세상을 어떻게 바꿔 왔을까?

## 지금은 빙하기일까, 간빙기일까?

우리는 지구의 기후가 얼마나 변화무쌍하게 변해 왔는지 잘 모른 채 살아갑니다. 원래부터 지금과 같은 모습이었을 거라고 당연히 생각하기도 하고요. 하지만 지구 전체가 남극에서 북극까지 엘사의 '겨울왕국'처럼 빙하로 덮여 있을 때도 있었고, 반대로 극지방에 야자수가 무성하게 자라던 시절도 있었답니다. 기후는 안정적인 것처럼 보이지만, 과거를 돌이켜 보면 빙하와 야자수라는 양 극단을 오갈 때도 있었죠.

여러분은 '눈덩이 지구(Snowball Earth)'라는 말을 들어 본 적이 있나요? 지구 전체가 완전히 눈으로 덮여 있었다는 가상 이론이에요. 실제로 지질시대의 시작인 선캄브리아 시대에 빙하기가 존재했다는 증거가 발견되었어요. 선캄브리아 시대는 고생대가 시작되기 전인 약 5억 8천 년 전의 시대인데요, 아프리카에서 빙하 퇴적물이, 적도 바다에서는 두꺼운 얼음의 흔적이 포착되었지요. 지구가 꽁꽁 얼어붙으면서 하나의 세포로만 이루어진 단순한 구조의 원생생물은 결국 빙하기에 적응하지 못하고 멸종했어요. 대신 산소로 호흡하는 다세포생물이 새롭게 탄생했고, 기나긴 진화를 이어오게 되었지요. 한 종의 멸종이 다른 종의 진화를 불러왔다니, 아이러니 같지만 지구의 역사에서 수없이 반복돼 온 일이에요.

눈덩이 지구에서 다시 기후가 따뜻해질 수 있었던 것은 화산이 폭발하면서 엄청난 열과 함께 이산화탄소가 배출됐기 때문이에요. 선캄브리아대에서 고생대로 넘어가면서 지구의 기온이 급격하게 올라갔고, 영원할 것 같던 얼음왕국은 한순간에 녹아 버렸답니다. 이산화탄소는 지구를 데우는 강력한 온실가스이기 때문이에요.

지금으로부터 약 2억 2500만 년 전 고생대에서 중생대로 이어지는 시기에는 온난한 시기와 추운 시기가 주기적으로 반복됐어요. 지구의 기온이 찜질방처럼 계속 올라가지 않은 이유는 뒤이어 출현한 녹색식물들 덕분이에요. 바다에서 태어난 녹조류부터 육지의 식물에 이르기까지 녹색식물들이 광합성 작용을 통해 대기 중의 이산화탄소를 폭발적으로 흡수했거든요. 그 결과 생명체가 살기에 적합한 수준의 이산화탄소 농도가 안정적으로 유지됐어요. 시의적절한 생물의 진화가 없었다면 지구도 금성처럼 펄펄 끓는 온실 상태로 남게 됐을지도 몰라요.

고생대까지만 해도 대기 중 이산화탄소 농도는 800ppm 수준이었던 것으로 추정돼요. 지금과 비교하면 2배 정도 높은 수치지만, 거대한 숲이 만들어지면서 이산화탄소 농도는 점점 낮아졌어요. 숲은 햇빛을 이용해 이산화탄소를 흡수하고 산소를 내뱉는 광합성 작용을 활발히 했지요.

산업혁명 이전까지 200ppm 정도로 유지되었던 지구의 이산화탄소 농도는 100년 만인 19세기 말에 290ppm으로 높아졌어요. 이후 파죽지세로 올라가더니 2015년에는 처음으로 '마의 벽'으로 불리던 400ppm을 넘어섰어요. 산업혁명 전보다 40% 이상 높아진 건데 이대로라면 2050년 무렵에는 600ppm을 훌쩍 뛰어넘을 것으로 예상돼요. 800ppm에 이르렀던 고생대 수준으로 치솟는 것도 시간 문제로 보이는데요, 호흡 곤란이나 질식을 불러오는 이산화탄소 농도인 30,000ppm보다는 훨씬 낮아 직접적인 건강의 피해를 주지는 않겠지만, 엄청난 수준의 기온 상승을 불러와 지구의 기후와 생태계 자체를 뒤바꿔 놓을 거예요.

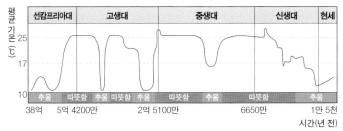

[ 기온 변화 그래프 ]

출처: zum 학습백과

해수면이 지금보다 1미터 정도 높아지면서 인간은 멸종하고 고생대에 번성했던 생물들이 다시 등장할지도 몰라요.

과거의 기온 변화 그래프를 보면 평균 기온이 주기적으로 오르락내리락하는 것을 알 수 있어요. 기온이 낮게 지속된 기간을 빙하기라고 하는데, 빙하기 사이에는 따뜻한 간빙기가 주기적으로 찾아왔어요. 어떤 규칙을 가지고 있는 함수처럼 보이기도 하지요?

과학자들은 남극과 북극에서 빙하를 조사해 과거의 기후를 알아내고 있어요. 빙하는 아주 오래전에 내린 눈이 차곡차곡 쌓여서 만들어졌어요. 빙하의 아래 부분일수록 더 오래전에 내린 눈이 얼어서 만들어졌는데요, 눈을 이루는 물의 원소를 분석하면 당시의 기후를 짐작할 수 있어요. 눈에는 그 당시의 공기도 함께 포함되어 있거든요. 눈 속 공기의 성분을 분석하면 당시의 기온이나 습도가 어땠는지, 심지어 화산이 폭발했는지도 알 수 있죠. 그래서 빙하는 과거의 기후를 보여 주는 '블랙박스'로 불리기도 해요.

남극 보스토크 호수에서 빙하를 뚫어 분석한 결과, 10만 년을 주기로 지구의 평균 기온이 6~7℃ 정도 변화하면서 빙하기와 간빙기가 찾아온 것이 밝혀졌어요. 대기 중 이산화탄소 농도는 200ppm에서 280ppm 범위에서 규칙적으로 변해 왔지요. 마지막 빙하기는 1만 2000년 전에 끝났고, 그 후 현재까지 따뜻한 기후가 지속되고 있어요. 현재의 간빙기는 적어도 5만 년 정도는 더 이어질 것으로 보여요. 그런데 한 가지 강력한 변수가 나타났어요. 바로 지구온난화예요. 무분별한 온실가스 배출로 지구가 가열되면서 앞으로 기후가 전혀 예측하지 못한 방향으로 변화할 가능성이 생겼거든요.

2004년 개봉한 영화 〈투모로우〉에서는 지구의 기후가 갑자기 빙하기로 접어들 가능성을 보여 주고 있어요. 영화 속 기후학자 잭 홀 박사는 지구온난화가 급격하게 진행되면서 극지방의 빙하가 녹아 바닷물이 차가워지고, 해류의 정상적인 흐름이 바뀌어 지구가 거대한 빙하로 뒤덮일 수 있다고 경고해요. 결국 미국에 거대한 토네이도가 찾아오고, 일본에는 엄청난 우박이 떨어지는 등 지구촌 곳곳에서 기상 이변이 동시다발적으로 일어나는데, 지구가 빙하로 덮이기 시작하고 사람들은 남쪽으로 피난을 떠나게 돼요. 인간이 초래한 기후 변화로 자연적인 빙하기와 간빙기의 주기가 깨지고 인류의 생존을 위협하는 갑작스러운 기후 변화가 찾아온 거죠. 이런 끔찍한 재앙은 영화 속에서만 일어날 수 있는 일이 아니에요. 실제로 많은 기후학자들이 영화에서 벌어진 일들이 재현될 수 있는 일이라고 말해서 더욱 화제가 되기도 했답니다.

## 밀란코비치 주기, 기후 변화를 불러오다!

빙하기와 간빙기를 불러오는 자연적인 요인은 바로 '밀란코비치 주기'로 밝혀지고 있어요. 유럽의 수학자이면서 천문학자였던 밀란코비치가 만든 이론으로 지구의 기후가 멈춰 있지 않고 긴 시간을 주기로 변화하는 이유는 바로 지구의 자전축과 공전 궤도가 함께 서서히 변하고 있기 때문이라는 내용이에요.

먼저 지구의 자전축이 가리키는 방향은 약 2만 6000년마다 변해요. 이러한 현상을 '세차운동'이라고 불러요. 마치 팽이를 돌리면 팽이의 축이 가리키는 방향을 바꾸며 회전하듯이 지구도 아주 오랜 시간에 걸쳐 팽이처럼 방향을 바꿔 가며 회전하고 있답니다.

자전축의 기울기 역시 대략 4만 년을 주기로 24.5도에서 21.5도까지 변하는데 현재의 기울기는 23.5도로 그 각도는 점점 줄어들고 있어요. 자전축의 기울기에 따라 지구에 들어오는 태양 에너지의 양이 달라지는데요, 지구가 만약 기울어지지 않은 채 태양 주위를 공전한다면 어느 지역에서나 태양 에너지를 똑같이 받을 테니, 기온이나 계절의 변화도 생기지 않았을 거예요.

마지막으로 지구가 태양을 공전하는 궤도의 모양이 10만 년을 주기로 원형에서 타원형으로 변하는 이심률이 존재해요. 공전 궤도의 모양에 따라 태양 에너지를 받는 양이 달라지지요.

세 가지 현상들은 서로 다른 시간의 주기로 반복되면서 지구의 기후를 역동적으로 만들어 왔어요. 단 자연적인 변화의 주기는 수만 년 이상의 긴 시간이 걸려서 한 사람이 일생을 전부 살아가는 동안에도 체감하기 어려워요. 하지만 우리가 느끼지 못한다고 해도 지구의 기후는 일정한 규칙을 가지고 변해 왔어요.

2만 년 전부터 기후가 따뜻한 시기로 접어들면서 두꺼운 빙하가 녹기 시작했어요. 그리고 1만 2000년 전에는 현재의 간빙기인 '홀로세'에 접어들었지요. 홀로세는 '완전한 시대'라는 의미로, 인류가 탄생해 진화하는 데 최적의 조건을 제공해 줬어요. 온화해진 기후 덕분에 수렵과 채집을 했던 구석기에서 농사를 짓는 신석기 시대로 삶의 변화가 일어났고 인류는 한 단계 진화했지요.

갑작스러운 기온 상승에 빙하가 녹으면서 해수면 상승 속도도 엄청났어요. 7000년 전쯤에야 현재의 세계지도와 같은 해안선의 모습이 완성되었는데, 이 시기는 놀랍게도 고대 문명이 탄생한 시기와 일치해요. 해수면이 안정된 이후 비로소 메소포타미아와 이집트, 인더스, 황허 지역에서 4대 문명이 싹튼 거예요. 하루아침에 마을이 바닷물에 잠겨 사라진다면 안정적으로 살아갈 수 없을 테니 어찌 보면 매우 당연한 결과예요.

특히 '기후 최적기'라고 불린 기원전 400년부터 서기 200년 사이 유럽의 로마 제국은 전성기를 누렸어요. 순전히 기후 덕분이라고 할 수는 없지만, 기후가 온난했기 때문에 대규모로 곡식을 재배하고, 많은 가축을 기를 수 있었지요. 14세기에는 '중세 온난기'가 이어지면서 유럽의 인구가 2배 이상 증가하기도 했어요.

빙하기와 간빙기가 교대로 찾아온다면 지금은 간빙기니까 언젠가는 빙하기가 다시 찾아올 거예요. 그러나 기후 변화 때문에 영원히 빙하기가 찾아오지 않을 거라는 주장과 오히려 급작스럽게 빙하기로 접어들 수도 있다는 주장이 엇갈리고 있어요. 어느 쪽이 정답일까요?

과거에는 지구의 자전축과 공전 궤도가 규칙적으로 변하면서 인간의 생존에 유리한 시기와 그 반대의 시기가 번갈아 찾아왔어요. 하지만 오늘날 우리가 인위적으로 불러일으킨 기후 변화는 너무나 짧은 시간 동안 진행됐고, 앞으로 부정적인 결과를 가져올 것이라는 전망이 지배적이에요. 중생대를 지배했던 거대한 공룡은 소행성이 지구에 충돌하면서 불러온 급격한 기후 변화를 이기지 못하고 멸종한 것으로 보여요. 인류는 공룡처럼 극단적으로 멸종하지는 않겠지만, 기후 변화는 벌써 현실이 되어 물 부족 현상과 식량 위기 등 열악한 기후에서 살아가는 사회의 약자들에게 집중적으로 피해를 주고 있어요.

# 혹독한 날씨는 신이 내린 벌일까?

폭염과 가뭄이 계속된다고 해서 그 원인을 특정한 누군가에게 돌릴 수 있을까요? 과학이 발달한 오늘날 기상 현상이 나타나는 원인은 충분히 밝혀져 있어요. 하지만 과학이 발전하기 전은 말 그대로 '비과학'이 지배하는 시대였지요.

조선시대를 생각해 볼까요? 가뭄이 길어지면 백성들은 왕의 덕이 부족해서 비가 오지 않는다고 생각했어요. 왕은 하늘에 기우제를 지냈지요. 그래도 비가 오지 않으면 반란이 일어나고, 왕이 쫓겨나기도 했어요. 농작물이 말라 죽고 식량이 부족해지면서 백성들이 먹고살기가 힘들어졌겠죠. 질병이 유행하고 사회 분위기는 흉흉해졌을 거예요. 원망할 대상은 애꿎은 하늘이거나 왕이었고요. 이는 우리나라뿐만 아니라 전 세계적으로 공통된 현상이었어요.

최근 남미 페루의 한 유적지에서 오래된 어린이들의 유해가 발견됐어요. 시신은 227구나 됐고, 아이들의 나이는 4살에서 14살까지로 추정되었죠. 왜 이렇게 많은 아이들이 묻혀 있었을까요? 혹시 질병이나 전쟁으로 희생된 것이었을까요? 조사 결과는 충격적이었습니다. 아이들은 신에게 제물로 바쳐진 거였어요. 원인은 '엘니뇨'였지요.

엘니뇨는 적도 근처 바다의 수온이 올라가는 현상이에요. 페루 앞바다는 적도 부근에 있는 따뜻한 바다지만, 심해에는 차가운 물이 솟구치는 곳이기도 해요. 이러한 현상을 '용승'이라고 부르는데, 덕분에 영양분이 풍부해 물고기가 많이 잡히죠. 그러나 어느 날부터 차가운 물의 용승이 멈추면서 바다가 따뜻해졌고, 찬물을 좋아하는 물고기들이 자취를 감춰 버렸어요.

엘니뇨가 발생하면 페루 부근 적도 동태평양이 뜨거워지는 반면 상대적으로 서태평양은 차가워져요. 적도 부근에 부는 무역풍이 평소보다 약해지기 때문인데 동태평양의 바닷물을 서쪽으로 끌고 가는 무역풍이 약해지면 더 많은 바닷물이 페루 앞바다에 그대로 머물러 있게 돼요. 그 결과 심해에서는 차가운 바닷물이 올라오지 못하게 되고 폭우, 홍수와 같은 극단적인 기상 이변이 발생하게 되죠.

고대 페루 사람들은 엘니뇨에 의한 기상 이변이 신이 내린 벌이라고 생각해 아이들을 제물로 바치면서까지 의식을 치렀어요. 발굴되지 않은 유해가 더 있을지도 모르죠. 지금은 엘니뇨의 발생 원인이 과학적으로 밝혀졌지만, 과거에는 제물을 바쳐야 할 만큼 두려운 현상이었을 거예요.

엘니뇨의 반대 현상인 라니냐 때는 페루 앞바다의 무역

풍이 강해지면서 차가운 물이 많이 올라오고 바닷물 온도가 낮아지게 돼요. 서태평양 지역은 태풍과 폭우가 찾아오고, 동태평양 지역에는 한파와 가뭄이 찾아오죠. 기후학자들은 엘니뇨와 라니냐가 갑자기 생긴 것이 아니라 오래전부터 2년에서 7년 정도의 주기에 맞춰 자연적으로 발생했다고 보고 있어요.

엘니뇨와 라니냐에 대해 과학적으로 처음 밝혀낸 사람은 1923년 영국의 수학자였던 길버트 토머스 워커예요. 전 세계에서 수집한 40년간의 기상 자료를 분석해 적도 부근 태평양의 수온이 시소를 타듯 한쪽이 올라가면 다른 쪽은 내려가는 현상을 발견했어요. 실제로 무역풍의 세기에 따라 태평양의 바닷물도 왔다 갔다 출렁거려요.

엘니뇨가 나타난 뒤에는 자연적으로 라니냐가 이어지고, 어느 해에는 매우 강한 엘니뇨와 라니냐가 발생하기도 해요. '슈퍼'라는 수식어가 붙기도 하는데 이런 경우 미국이나 호주의 곡창지대가 큰 타격을 받아 곡물 가격이 급등하기도 하죠. 그러나 이러한 현상은 모두 지구 열 순환의 균형을 맞춰 가려는 자연 나름의 방법이랍니다. 엘니뇨가 생기는 것 자체가 이상한 일은 아니죠.

적도에서 발생한 열기를 북쪽으로 실어 나르는 태풍 역

시 마찬가지예요. 태풍은 재난으로만 생각되곤 하지만 태풍이 없다면 적도는 더 뜨거워지고 북극은 더 차가워질 거예요. 태풍은 바닷물을 골고루 뒤섞어 적조나 녹조 현상을 막아 주고, 댐과 저수지의 물을 채워 주기도 해요.

그런데 최근 들어 이런 태풍의 긍정적인 면보다는 자동차와 큰 구조물을 날려 버릴 정도로 엄청난 피해만 일으키는 슈퍼태풍이 잦아지고 있어요. 마치 온난화로 뜨거워진 지구가 열을 해소하기 위해 몸부림이라도 치는 것처럼 말이에요. 자연적으로 발생했다기엔 비정상적으로 강한 엘니뇨와 라니냐 역시 지구온난화의 영향을 받는 것으로 짐작되어 기후학자들의 활발한 연구가 진행되고 있답니다.


## 소빙하기, 마녀사냥을 불러오다!


남미에서 엘니뇨 때문에 어린이들을 제물로 바쳤다면, 유럽에서는 궂은 날씨를 불러왔다며 죄 없는 사람들을 마녀로 몰아 죽였어요. 중세 시대가 끝날 무렵, 영국에선 웬만한 추위에는 얼지 않던 템스 강이 꽁꽁 얼어붙을 정도로 비정상적인 추위가 시작됐거든요. 14세기부터 19세기까지

500년 사이에 무려 23번의 결빙 기록이 남아 있는데요, 얼음 위에서 박람회가 열리고 코끼리가 곡예를 부리기도 했답니다. 만약 한강에서 코끼리가 버티려면 얼마나 두껍게 얼어야 할까요? 당시의 추위를 짐작해 볼 수 있겠죠?

중세 사람들은 몰랐지만 갑작스러운 추위의 원인은 마녀 때문이 아니라 '소빙하기' 때문이었어요. 날씨가 온화했던 중세 온난기를 지나 14세기에서 18세기까지는 기온이 비정상적으로 낮은 소빙하기가 찾아왔거든요. 전 지구적으로 기온이 1~2℃나 떨어졌지요. 소빙하기가 나타난 시기는 지역에 따라 조금씩 달랐어요. 유럽에서는 가장 추웠던 시기가 1600년대였지만 북미 지역은 1800년대 이후 최저 기온을 기록했어요. 우리나라를 포함한 동아시아는 전반적으로 서늘한 기후가 나타나기도 했어요.

1315년~1322년 사이 유럽에는 이례적으로 많은 비가 내렸고, 여름과 가을에도 추위가 몰려왔어요. 반 년 가까이 비가 이어지면서 불어난 하천이 마을을 휩쓸었고 흉작이 심해졌어요. 배고픔에 다음 해 파종할 곡식의 씨앗까지 먹어 치웠고 가축들도 죽어 나갔지요.

소빙하기로 인한 유럽의 추위는 화가들의 그림에도 기록되었어요. 유럽 플랑드르 지방을 중심으로 활동했던 화가

들의 작품 속에 추위의 입김이 생생하게 남았죠. 특히 브뤼헐 가문은 수많은 화가를 배출한 예술가 집안이었는데요, 그들의 풍경화에는 눈과 얼음으로 덮인 풍경이 생생하게 표현되었어요.

저도 〈눈 속의 사냥꾼〉이라는 피터르 브뤼헐의 작품을 보고 '명화가 도운 기후 분석'에 대한 뉴스를 제작한 적도 있어요. 신기하게도 유명한 미술 작품들을 분석한 결과, 소빙하기 이전에는 파란 하늘이 묘사된 밝은 작품이 많았다면, 소빙하기에는 흐리고 어두운 색채의 작품이 많았어요. 소빙하기의 암울했던 기후를 짐작할 수 있게 하죠.

소빙하기가 찾아온 원인을 분석한 결과, 화산 폭발이 가장 결정적이었어요. 거대한 화산들이 분화하면서 많은 양의 화산재가 뿜어져 나와 태양빛을 가렸다는 거예요. 그 외에도 태양의 흑점*이 줄면서 태양 에너지가 약해졌다는 주장도 있어요.

> ★ **태양의 흑점** 태양의 표면에 나타나는 검은 점으로, 태양의 활동이 활발해지면 커진다.

햇볕이 줄면서 화가들의 화폭이 어두워진 것뿐만 아니라 더 큰 문제가 생겼어요. 농작물의 생육이 나빠지면서 흉작이 들었고, 유럽 전체가 식량 부족에 시달리게 됐죠. 영양 상태가 좋지 못했던 사람들 사이에서는 쥐벼룩에 의해 전염되는 페스트 같은 전염병이 무섭게 퍼져 나갔어요. 1347년~1353년 사이 페스트로 하루에 천 명 이상의 사람들이 죽어 나가면서 유럽 인구가 크게 줄었어요. 이탈리아 시에나 지역에서는 "내 손은 다섯 아이를 묻었고 너무 많은 사람들이 죽어 다들 이것이 세상의 끝이라고 생각했다"라는 기록이 남아 있어요. 또 한 성직자는 소빙하기의 끔찍한 모습을 이렇게 적었어요.

"북풍이 몇 달이나 계속됐다. 작은 꽃들만 간혹 눈에 띄는 지경이라 농작물을 제대로 수확할 수 있을지 잘 모르겠다. 가난한 사람들이 수도 없이 죽어 나갔고 굶주림으로 인해 퉁퉁 부은 채 널브러져 있었다. 집이 있는 사람들도 병이 옮을까 봐 두려워하며 병들고 죽어 가는 사람들을 감히 보살필 엄두를 내지 못했다. 그 전염병은 그야말로 끔찍했는데, 특히 가난한 사람들이 피해를 입었다. 런던에서만 1만 5000명의 가난한 사람들이 죽었고, 다른 나라에서도 수천 명이 죽어 나갔다."

- 1846년, 영국 통계사회 저널

이제는 소빙하기의 원인을 과학적으로 설명할 수 있지만,

지금처럼 과학이 발달하지 않았던 당시에는 사회를 뒤흔드는 공포 속에 희생양을 찾는 마녀사냥이 시작됐어요. 중세 시대에는 신을 중심에 두고 생각했기 때문에 갑작스러운 날씨와 질병이 신을 화나게 만든 탓이라고 믿었거든요.

유대인을 박해한 것으로 유명한 독일의 히틀러를 알고 있나요? 그런데 히틀러만 유대인을 박해한 것이 아니었어요. 유대인 박해의 역사는 더욱 거슬러 올라가 소빙하기 때 시작됐습니다. 16세기 부패한 로마 가톨릭 교회에 반기를 들었던 독일의 종교 개혁자 마틴 루터는 유대인들을 "전염병과 같은 무거운 짐이며, 우리 땅의 순전한 불행"이라고 말하며 나쁜 날씨의 주범으로 몰아갔어요.

당시 사람들은 유대인뿐만 아니라 마녀가 나쁜 날씨를 만들 수 있다고 믿었어요. 종교를 연구하는 이탈리아의 신학자들은 마녀들이 주술의 힘과 손짓으로 우박이나 비를 만들 수 있다고 주장했어요. 과학 기술이 매우 발달한 지금 교황이 이렇게 말했다면 모두의 지탄을 받겠지만, 그 시절의 분위기는 그랬답니다. 1597년 스코틀랜드의 왕 제임스 6세조차도 마녀들이 폭풍과 악천후를 일으킨다고 말할 정도였지요. 결국 소외된 유대인과 약자인 여자들은 죄를 뒤집어쓰고 화형대로 끌려가 비참한 최후를 맞이했어요.

마녀에 대한 재판과 처벌도 크게 늘었고, 특히 유럽이 가장 추웠던 16세기 후반부터 17세기 사이에는 피바람이 절정에 달했어요. 영국과 스코틀랜드, 독일, 스위스 등지에서 말뚝에 묶인 채 불에 탄 마녀의 시체가 쌓여 갔어요. 추운 날씨가 심해질수록 화형장의 불꽃도 거세졌지요. 중세의 마녀사냥 역시 페루 문명에서 어린이들을 제물로 바친 것과 큰 차이가 없었어요. 무지와 야만의 시대였던 거예요. 정말로 마녀가 우박이나 비를 마음대로 만들 수 있다면 기상청이 인공강우 기술을 개발하는 대신 유능한 마녀 한 명을 고용하면 되겠네요. 지금 생각하면 너무 안타까운 죽음입니다. 설명할 수 없는 현상에 대해 화풀이를 하고 덤터기 씌울 사람이 필요했던 거죠.

그렇다면 과거의 엘니뇨, 라니냐와 소빙하기에 이어 현재 벌어지고 있는 지구온난화는 어떤가요? 온난화로 인한 기후 변화 역시 빠른 속도로 우리의 삶을 바꿔 가고 있어요. 다만 과거에는 무지와 광기에 사로잡혀 원인조차 모른 채 죄 없는 희생양을 만들어 냈다면, 과학이 발달한 지금은 온난화의 원인은 물론 앞으로 닥칠 미래까지 너무나 잘 알고 있다는 점이 달라요.

기후 변화로 극지방의 얼음이 녹고 해수면이 높아지면서

태평양과 인도양의 섬 주민들은 나라를 등지고 새로운 곳으로 떠나고 있어요. 얼음 위에서 사냥을 해 먹이를 구하는 북극곰의 멸종도 가까워 오고 있어요. 기후 변화로 인해 우리에게 부정적인 미래가 닥치게 될 확률이 훨씬 높다는 데 의견이 일치하고 있지요. 기후 변화로 인한 피해가 특히 힘없는 가난한 나라에 집중될 것이라는 경고도 나오고 있어요. 기후 변화를 일으킨 주범은 온실가스를 펑펑 배출하는 선진국들인데 말이죠. 고대와 중세 시대처럼 죄 없는 희생자를 또다시 만들지 않기 위해서 우리는 어떻게 해야 할까요?

## 기후 위기의 시대에서 인류는 살아남을 수 있을까?

지금 인류가 누리고 있는 호의적인 기후가 갑자기 끝나 버린다면 우리는 어떻게 적응해 살아남을 수 있을까요?

과거 바이킹*의 사례를 통해 교훈을 얻을 수 있어요. 미국의 작가 제러드 다이아몬드의 책 『문명의 붕괴』에는 그린란드(Green land)에 정착한 바이킹이 어

★ 바이킹(Viking) 7~11세기 바다를 통해 유럽 각지에 침입한 노르만족 해적.

떻게 멸망했는지 소개하고 있어요.

국토의 대부분이 얼음으로 덮여 있는 그린란드는 역설적으로 '녹색의 땅'이라는 이름을 지니고 있어요. 서기 984년 무렵 그린란드를 개척한 바이킹이 이주할 사람들을 모으기 위해 일부러 이런 이름을 지었다는 얘기가 전해지고 있지요. 새로 발견한 땅이 춥고 황량한 불모지라고 하면 아무도 오겠다는 사람이 없을 테니까요.

바이킹은 노르웨이에서 수천 킬로미터나 떨어진 척박한 땅에 교회를 세우고, 소나 염소 같은 가축을 키웠어요. 바다코끼리의 어금니를 수출해 많은 돈을 벌어들이기도 했지만, 1500년대 말 유럽인들이 다시 그린란드를 찾아갔을 때 바이킹은 사라지고 없었어요. 작은 유럽이라고 불리던 그곳에 무슨 일이 있었던 걸까요?

'기후 암흑기'로 불리는 소빙하기가 찾아오면서 그린란드에는 큰 시련이 닥쳤습니다. 가축을 키우기 힘들어지고 유럽과의 교역도 뚝 끊겼어요. 그러나 바이킹은 끝까지 유럽인의 생활 방식을 포기하지 못했답니다. 생선 대신 육류를 주식으로 했기 때문에 가축들이 얼어 죽는데도 불구하고 목축을 고집했어요. 또 추위에 약하고 격식만 중시하는 유럽식 옷을 입었지요. 계속된 추위로 바다에 얼음덩이들이 가득 차자 유럽의 배들은 그린란드에 들어가는 것을 중단했어요. 결국 유럽만 바라보고 있던 바이킹 사람들은 추위와 배고픔으로 죽거나 뿔뿔이 흩어지고 말았답니다.

반면 그린란드에 들어온 또 다른 민족인 이누이트는 적응에 성공한 사례로 꼽혀요. 그린란드에 넘치는 눈으로 이글루를 만들고 고래와 바다표범, 물고기를 사냥했어요. 고기를 먹고 남은 기름으로 불을 피워 집을 데우고, 동물의 가죽으로는 따뜻한 털옷을 만들었지요. 그러나 바이킹은 이누이트가 미개하고 야만적이라는 이유로 배척했어요. 변화를 거부한 대가는 엄청났어요. 바이킹이 멸종한 자리에 이누이트는 굳건하게 뿌리를 내렸고, 그린란드 전역으로 퍼져 나갔답니다. 변화에 적응한 이누이트와 적응하지 못한 바이킹의 결과는 이렇게 차이가 났죠.

지질시대는 크게 선캄브리아대, 고생대, 중생대, 신생대로 구분돼요. 신생대의 경우 약 600만 년 전 공룡이 멸종한 후부터 약 170만 년 전까지를 제3기, 그 후부터 현재까지를 제4기로 불러요. 제4기는 다시 플라이스토세와 홀로세로 구분돼요. 지금 우리가 살고 있는 지질시대는 약 1만 2000년 전 마지막 빙하기인 플라이스토세가 끝난 이후의 간빙기인 '신생대 제4기 홀로세'랍니다.

완전한 시대를 의미하는 홀로세는 2008년 처음 만들어진 이름이에요. 지질시대의 이름은 처음부터 있었던 것이 아니라 학자들이 모여서 지은 거예요. 당시만 해도 홀로세가 천만 년 이상 지속될 거라고 생각했어요. 그런데 홀로세가 시작된 지 약 10년 만에 새로운 지질시대가 등장할지도 모르는 상황에 처하게 되었어요. 산업혁명과 기후 변화, 플라스틱, 대량 멸종 등으로 정의되는 '인류세'인데, 그다지 긍정적인 느낌은 아니죠?

오존층의 구멍을 발견한 네덜란드의 과학자 파울 크루첸은 한 국제회의에서 "우리는 이제 홀로세가 아니라 인류세에 살고 있습니다"라는 발언을 했어요. 인류세(Anthropocene)는 '인류(Anthropos)'와 '시대(Cene)'의 합성어로 '인류가 만든 지질시대'라는 의미를 담고 있지요.

인류세를 공식적으로 지정할지에 대한 여부는 아직 찬반이 엇갈려요. 그러나 분명한 것은 앞으로 인류가 살아갈 환경은 그다지 녹록지 않을 거라는 점이에요. 다량의 온실가스 배출로 지구의 기온은 과거 경험해 보지 못한 수준으로 치솟고 있고, 극한 기상 현상이 속출할 것으로 예상돼요.

하지만 과거 바이킹이 속수무책으로 소빙하기를 맞을 수밖에 없었다면 우리는 미래를 정확하게 그려 볼 수 있어요.

기후 변화 시나리오에 따라 온실가스를 현재 수준으로 배출한다면 기온이 얼마나 상승할지, 어느 지역이 위험한지 예측할 수 있죠.

그러나 기후 변화를 늦추기 위한 대책에는 다들 늑장만 부리고 있어요. 세계 공동의 문제이기도 하고, 아직 시간이 많이 남았고, 변화하는 기후에 기술적으로 적응할 수 있다고 믿기도 합니다. 인류는 지질시대 역사상 처음으로 스스로 초래한 인류세에서 과연 살아남을 수 있을까요?

역사를 공부하는 이유는 같은 실수를 되풀이하지 않기 위해서이기도 하죠. 바이킹은 달라진 기후 조건에서도 이전의 생활 방식을 고수하다가 역사의 그림자가 되어 사라지고 말았어요. 기상 이변이 일상이 되고 가까운 미래에 엄청난 기온 상승과 해수면 상승이 점쳐지는 지금도 우리는 마치 바이킹처럼 온실가스를 펑펑 배출하는 생활 습관을 버리지 못하고 살아가고 있어요. 현재 인류에게 남은 시간이 그리 길지 않을 거라는 경고가 나오고 있는데도 말이지요. 바이킹이 그랬던 것처럼 변화하는 기후에 적응하지 못하고 계속해서 에너지를 펑펑 쓴다면 인류는 어떤 결과를 맞이하게 될까요?

까마득한 과거부터 지금까지 기후가 어떻게 변해 왔는지 과학자들은 어떻게 알 수 있을까요? 지구의 옛 기후를 공부하는 분야를 '고기후학'이라고 불러요. 고기후를 연구할 때는 자연에서 힌트를 얻을 수 있어요. 자연은 과거의 기후를 알아낼 수 있는 단서를 지니고 있거든요.

남극이나 북극에서는 빙하로 과거의 기후를 연구하는 작업이 활발하게 이뤄지고 있어요. 따뜻한 시기에 내린 눈인지, 추운 시기에 내린 눈인지에 따라 같은 산소 원소라도 질량이 다른 산소 원소들의 구성 성분 비율이 각각 다르게 나타나기 때문에 얼음에 갇힌 공기를 분석하면 당시의 기온을 알 수 있답니다. 또 당시의 이산화탄소 농도를 역추적할 수도 있어요. 옛 시대의 기후 상태를 알아내기 위해 2000년 무렵부터 극지방에서 수 킬로미터 길이의 얼음 기둥을 뚫는 작업이 이어졌어요. 이 얼음에 담긴 정보를 통해 수십만 년에 이르는 과거의 기후를 되살릴 수 있게 되었답니다.

바닷속에 쌓여 있는 흙도 과거의 기후를 알려 주는 보물창고예요. 수심이 깊은 곳은 해류가 약하고 생물도 거의 살지 않아 매년 퇴적물이 차곡차곡 쌓이는데요, 추를 매단 커다란 파이프 장비로 1㎞ 정도의 해저 퇴적물을 채취하면 과거 1억 년의 기후 변화를 알아낼 수 있어요. 퇴적물에 포함돼

있는 원소를 분석하거나 산호초나 유공충 같은 생물의 잔해를 통해서도 기후가 어떻게 변했는지 짐작할 수 있어요.

육지에서는 오래된 나무의 나이테를 통해서 기후를 추적할 수 있어요. 나무는 날씨가 좋아 잘 성장하면 나이테 간격이 넓고, 반대로 춥고 건조할 때는 잘 자라지 못해 나이테가 조밀하게 생겨요. 그래서 소빙하기 때의 나무들은 나이테 간격이 좁은 덕분에 밀도가 높고 단단해요. 견고한 소빙하기 때의 나무는 명품 바이올린으로 유명한 '스트라디바리우스'를 탄생시킨 것으로 유명하답니다. 지구에서 가장 오래된 나무는 미국 캘리포니아 화이트 산맥에 있는 브리슬콘 소나무로 4600살이나 돼요. 이 나무를 비롯해 주변 나무들의 나이테를 조사한 결과 약 1만 년 전까지의 기후를 복원해 낼 수 있었어요. 과연 먼 과거의 기후를 보여 주는 블랙박스라 불릴 만하죠?

우리는 미래에 어떤 블랙박스를 남기게 될까요? 플라스틱, 비닐처럼 자연적으로 분해되지 않는 쓰레기들이 대량으로 발견될지도 몰라요. 생활을 편리함만 좇으며 온실가스를 펑펑 배출하고 영원히 썩지 않는 플라스틱 쓰레기로 지구를 더럽혔다는 비난을 받지는 않을까요? 미래 세대에게 부끄러운 역사를 남기지 않기 위해 지금부터 행동해야 합니다.

## 왜 기후 변화가 아닌 기후 위기라는 걸까?

어느 순간부터 기후 변화에 이어 기후 위기, 기후 재앙이라는 말이 등장했어요. 지구온난화 대신 지구 가열이라고 표현해야 한다는 주장도 등장했지요. 기후 변화와 지구온난화라는 단어가 주는 어감이 지나치게 온건하고 가치중립적이어서 사람들의 행동을 촉구하거나 책임을 묻기에는 턱없이 부족하다는 거예요.

기후 변화의 '변화'는 좋은 방향으로서의 변화인지, 나쁜 방향으로의 변화인지 모호한 느낌을 줘요. 지구온난화라는 말은 극한적인 기상 이변보다는 따스한 햇살이나 포근함이 연상되지 않나요? 실제로 과거 소빙하기를 겪은 유럽 사람들은 지구가 따뜻해지면 식량 생산이 늘어 배고픔을 덜 수 있을 거라고 핑크빛 꿈을 꾸었답니다. 당시 사람들은 이산화탄소의 배출량이 이렇게 빠른 속도로 늘 줄은 상상하지 못했을 거예요. 하지만 21세기를 살고 있는 우리는 온난화가 축복이 아닌 재앙이라는 것을 알고 있죠.

여러분은 기후 변화 대신 기후 위기, 기후 재앙이라는 말을 들으면 어떤가요? 확실하게 위기감이 느껴지지 않나요? 과학자들은 오래전부터 기후 변화의 심각성을 경고하고 있지만, 대부분의 사람들은 변화나 위기를 실감하지 못하고 있어요. 폭염과 슈퍼태풍, 미세먼지와 같은 단어를 들으면 악화되고 있는 기후에 대한 이미지를 떠올리긴 하지만, 아직도 기후 변화는 내 문제가 아니라고 생각하는 경우가 많죠. 그러나 기후 위기나 재앙이라는 말에서는 조금 더 심각함을 느끼게 될 거예요.

지구온난화 역시 자연적인 주기에 따라 지구가 따뜻해진 게 아니라 인위적인 변화이며 인간의 책임이 크다는 점에서 지구 가열이라고 해야 한다는 주장이 나오고 있어요. 지구 가열의 주체는 바로 우리 인간이에요.

혹시 걸어갈 수 있는 가까운 거리까지 차를 타고 가거나 견딜 수 있는 더위에도 에어컨을 쉽게 튼 적이 있나요? 지구 가열이라는 단어가 우리 입에서 나오는 순간, 편리한 생활을 하고 있는 나 자신도 책임을 피해갈 수는 없어요. 지구 가열의 책임은 지구에 사는 인류 전체가 지고 있고, 특히 선진국에 사는 사람들과 부유한 사람들은 에너지를 더욱 많이 쓰면서 다량의 온실가스를 배출하기 때문에 책임이 더 무겁다고 할 수 있어요.

아직도 많은 사람들이 기후 위기는 먼 얘기라고 생각하곤 해요. 2050년, 2100년에 일어날 일들은 지금의 내 삶과 동떨어져 보이기 때문이죠. 그러나 지금 내가 배출한 온실가스가 수백 년 동안 지구에 머물며 다양한 곳에 영향을 미칠 수 있다는 점을 명심해야 해요. 더 이상 인류는 기후 위기라는 공동의 숙제를 미뤄선 안 돼요. 국경이나 인종, 성별, 나이를 떠나 인류 전체가 협력해서 한마음으로 기후 위기에 대처하지 않으면 2050년이라고 생각했던 기후 위기가 2030년에 불쑥 찾아올지도 몰라요.

## 지구를 데우는 온실가스, 어떻게 발견했을까?

지구온난화의 주범은 바로 온실가스였어요. 지금은 상식처럼 여겨지는 이 사실이 밝혀진 것은 그다지 오래되지 않았어요. 이산화탄소 같은 온실가스가 일으키는 온실효과를 처음 발견한 것은 1822년이에요. 프랑스의 수학자이자

물리학자인 요셉 푸리에가 지구의 대기가 태양 에너지를 흡수해 기온을 높인다는 이론을 처음으로 제시했죠.

그 후 스웨덴의 화학자 스반테 아레니우스가 지구의 온실효과를 구체적으로 증명했는데요. 이때 처음으로 온실가스로서 이산화탄소의 존재가 드러났지요. 1895년 아레니우스는 이산화탄소가 지구의 기온에 미치는 영향을 논문으로 발표했어요. 기후 변화에 대한 최초의 논문이었고, 온실가스라는 말도 이때 처음으로 등장했어요. 이산화탄소가 지표면에서 방출되는 열을 흡수해 담요를 덮은 것처럼 지구의 기온을 따뜻하게 만들어 준다는 내용이었지요.

아레니우스는 이산화탄소의 농도가 2배 증가하면 지구의 온도가 약 5℃ 정도 상승할 것으로 예측했어요. 연필과 노트만으로 복잡한 계산을 해냈는데 놀랍게도 과학적으로 정확하다고 평가받고 있어요. 그러나 당시 과학계에서는 들은 척도 하지 않았어요. 아무리 이산화탄소가 많이 배출되더라도 거대한 바다가 흡수할 거라고 믿었거든요. 인간에 의해 기후가 바뀌는 일은 불가능하다고 생각했죠.

아레니우스 역시 1000년이 넘는 긴 시간이 흘러야 기온이 상승할 수 있을 거라고 생각했어요. 온난화가 식량 생산을 늘려 인류에게 축복이 될 거라고도 말했지요. 혹독했던 소빙하기를 겪은 뒤라 다들 따뜻한 날씨를 바라고 있었거든요. 그렇게 아레니우스의 주장은 조용히 묻혀 버리고 말았어요.

1970년대에는 미국의 과학자 찰스 킬링이 등장했어요. 미국 스크립스 해양연구소에서 일하던 킬링은 1958년부터 하와이에서 대기 중 이산화탄소를 측정했어요. 하와이는 오염 물질을 배출하는 공장이나 발전소가 적어서 이산화탄소의 전 지구적인 변화를 감시하기에 최고의 장소였거든요.

처음 관측을 시작했을 때 300ppm 수준이던 이산화탄소는 2019년 11월을 기준으로 410ppm을 돌파했고, 계속 높아지고 있어요. 여름에는 식물들의 광합성이 활발해 이산화탄소가 줄었다가 겨울에 증가하는 톱니 모양을 보이긴

[ 킬링 곡선 ]

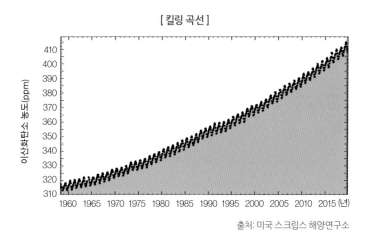

출처: 미국 스크립스 해양연구소

하지만 전반적으로는 증가하는 것을 알 수 있어요. 킬링의 이름을 딴 '킬링 곡선(Keeling Curve)'은 '죽음의 곡선(Killing Curve)'이라고 불리기도 했지요.

아레니우스의 예상처럼 이산화탄소의 온실효과로 지구는 점점 뜨거워졌어요. 추위를 몰아낼 정도만 따뜻해졌다면 좋았겠지만, 산업혁명 이후 지구의 평균 기온이 1℃ 이상 올라가면서 기상 이변이 속출했어요. 육지의 빙하가 녹으면서 해수면이 높아지고 섬나라는 물에 잠겨 버렸죠. 온난화가 지구의 미래를 위협할 거라는 위기의식도 고조되기 시작했어요. 이산화탄소가 축복이 아닌 재앙을 몰고 온 거예요.

1972년 이탈리아 로마에서 열린 국제회의 '로마클럽'에서도 많은 과학자들이 지구의 온도가 상승하고 있다는 주장에 동의하기 시작했어요.

1985년 세계기상기구(WMO)는 온난화의 원인이 이산화탄소라고 공식 발표했지요. 특히 지난 수십 만 년 동안 일정한 범위를 유지하던 이산화탄소 농도가 산업혁명 이후 폭발하듯 치솟는 그래프는 전 세계에 충격을 안겨 주었어요.

1988년 드디어 '기후 변화에 관한 정부 간 협의체(IPCC)'가 만들어졌어요. 이를 계기로 전 세계가 공동으로 온실가

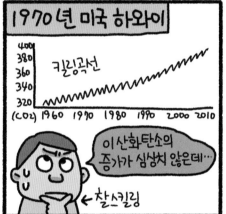

스를 줄이기 위해 노력하기로 약속했고, 산업계와 정치권으로 기후 문제의 논의를 확장시켜 나가게 되었죠.

## 산업혁명의 소름 돋는 두 얼굴!

기후 변화의 시작은 18세기 말 영국에서 일어난 산업혁명으로 거슬러 올라갑니다. 혁명이라 불릴 정도로 인류의 역사에 아주 큰 변화를 몰고 온 사건이죠. 사냥과 채집을 하던 구석기 시대에서 농사와 정착 생활이 시작된 신석기 혁명과 비교되기도 하는데요, 산업혁명은 농업에서 공업으로 사회의 중심 산업을 한 번 더 바꿔 놓았어요. 영국에서 시작된 산업혁명은 전 세계로 퍼져 나갔고, 인간의 생활 양식은 다시 과거로 되돌릴 수 없을 정도로 완전히 바뀌었어요. 신석기 시대에서 다시 구석기 시대로 돌아갈 수 없는 것처럼 말이죠.

> ✱ 증기 기관 수증기의 열에너지를 일 에너지로 바꾸는 열기관.

과학이 발달하면서 증기 기관✱을 비롯한 수많은 기계가 발명되었어요. 기계들로 대량 생산이 이뤄졌고, 증기 기관차와 증기선 등 운송 분야에 혁명이 일어났죠. 증기 기관을 움직이기 위해 필요한 재료가 바로 석탄이었어요. 석탄을 점점 더 깊은 곳에서 채굴하는 기술이 발전했고, 석탄의 생산력은 최고조에 이르렀어요. 말 그대로 폭주 기관차처럼 경제 성장에 무서운 가속도가 붙었죠.

인구도 크게 늘었어요. 산업혁명의 요람인 런던은 영국의 수도를 넘어 전 세계의 중심지가 되었죠. 1801년에 이미 인구 100만 명을 넘어섰고, 1901년에는 620만 명을 품은 대도시로 성장했어요. 개인의 소득이 늘어나고 의식의 근대화가 이루어진 것도 산업혁명 덕분이에요. 왕과 귀족에 얽매여 있던 농노✱ 신분에서 도시의 노동자 계급으로 성장한 시민들은 삶의 질에 관심을 갖기 시작했고 선거를 통해 정치에 참여할 수 있는 길도 열었어요.

> ✱ **농노** 중세 유럽의 신분제인 봉건제도에서 토지를 가지고 있던 영주에게 지배당하던 농민.

오늘을 살아가는 우리 역시 산업혁명이 가져다준 풍요를 누리고 있어요. 우리 할머니 세대만 해도 보릿고개라는 말이 나올 정도로 살기가 힘들었어요. 음식을 남기면 "그러다가 벌 받는다"라고 말씀하시기도 하잖아요. 하지만 이제는 배고픔보다 비만을 더 걱정하게 됐지요.

18세기에 일어난 1차 산업혁명을 시작으로 지금은 전자와 통신 기술의 발달에 힘입어 세상은 더 빠른 속도로 변하고 있어요. 최근에는 인공지능을 기반으로 하는 4차 산업혁명까지 등장해 더욱 편리한 삶을 누릴 수 있게 되었죠. 하지만 모든 일이 그렇듯 과거 산업혁명 때에도 어두운 그림자가 존재했어요.

영국의 작가 찰스 디킨스의 소설 『어려운 시절』에는 '코크타운'이라는 산업혁명 당시 도시의 모습을 묘사한 장면이 등장해요.

"빨간 벽돌의 마을, 아니 연기와 재가 아니었다면 빨간색이었을 벽돌의 마을이었다. 하지만 그곳은 사실 야만의 얼굴처럼 부자연스럽게 빨간색과 검은색이 엉켜 있는 도시였다. 기계와 높은 굴뚝들이 가득 차 있었는데, 굴뚝에서는 지겹도록 긴 연기가 끝없이 뿜어져 나오고 있어 연기 꼬리가 사라지지 않았다. 그곳에는 검은색 운하가 있었고 강에는 고약한 냄새가 나는 자주색 염료가 흘렀다. 거대한 빌딩숲은 종일 덜컹거리고 소란스러운 창문들로 꽉 차 있었다. 스팀엔진에 붙어 있는 피스톤들은 우울하게도 미친 자들의 나라에 있는 어떤 코끼리의 머리처럼 단조롭게 올라가고 내려가기를 반복했다."

- 찰스 디킨스, 『어려운 시절』 중 일부 ✦

✦ 재인용 출처: 벤저민 리버만, 엘리자베스 고든, 『시그널』, 은종환 옮김

영국 특유의 빨간색 벽돌로 지은 건물들이 모두 잿빛에 묻힌 모습과 더러워진 강의 풍경이 암울하게 다가오는데요, 다른 나라들의 사정도 마찬가지였어요. 산업혁명의 물결은 유럽을 넘어 북아메리카와 아시아로 퍼져 나갔지요. 19세기 초 독일 북서부의 루르 지역이나 미국의 매사추세츠 같은 도시에도 산업화가 뿌리내렸어요. 아시아의 일본도 비슷한 시기에 근대화가 시작됐지요. 전 세계 곳곳에서 화석연료를 대량으로 사용하기 시작한 거예요.

인류는 산업혁명을 통해 전에 없던 풍요로운 생산물을 얻고, 사회 여러 분야를 발전시켰지만, 빛나 보이는 발전의 뒤에는 도시에 지나치게 집중된 인구에 따른 전염병, 노동자들의 열악한 환경 문제 등 어두운 문제가 여럿 있었어요. 그중에서도 가장 심각한 문제는 환경오염이었지요. 석탄을 태운 연기로 공기가 더러워졌거든요. 석탄 생산량이 폭발적으로 늘었고, 영국의 1인당 석탄 소비량은 프랑스의 50배, 독일의 30배가 넘었어요. 도시의 노동자들이 오염된 공기를 마시고 병에 걸려 죽기도 했어요. 하지만 당시에는 죽음의 원인이 석탄이라고는 상상하지 못했답니다.

엄청난 양의 이산화탄소도 뿜어져 나왔어요. 산업혁명 전 300ppm을 밑돌던 이산화탄소 농도가 1900년대 들어

무섭게 치솟기 시작했지요.

그럼에도 불구하고 산업혁명이 가져온 풍요에 취해 화석 연료를 태워 점점 더러워지고 있는 환경과 지구에 쌓여 가는 이산화탄소가 가져올 절망적인 미래에 대해 심각하게 생각하는 사람들은 많지 않았어요. 대표적으로 1957년 영국의 총리 해럴드 맥밀런은 산업혁명이 가져온 영국의 변화에 대해 이렇게 말하기도 했죠.

"사실 솔직하게 말하자면 우리 국민들은 이렇게 풍족해 본 적이 없었다. 나라 곳곳에 산업 지역에 농장들까지, 내 인생에서 과거에는 보지 못한, 사실상 우리나라 역사상 가져 보지 못한 풍요가 넘쳐나고 있다."

19세기 산업혁명에서 가장 중요한 연료였던 석탄의 뒤를 이어 20세기에는 석유의 시대가 찾아왔어요. 1859년 미국 펜실베이니아 주에서 처음으로 석유 탐사 작업이 이뤄졌고, 루이지애나와 텍사스 주에서도 석유 산업이 발달했지요. 사우디아라비아 같은 중동 국가에서도 석유를 채굴해 엄청난 돈을 벌어들였어요. 휘발유로 움직이는 자동차가 세상에 등장했고, 1913년에는 미국의 헨리 포드가 자동

차를 대량 생산하는 길을 열었어요. 교통 분야에서 엄청난 수요가 생기면서 석유는 1950년대에 접어들어 석탄의 자리를 처음으로 추월했어요.

자동차 생산량이 놀랄 만큼 증가한 것과 함께 전기에 대한 수요도 늘었어요. 발명왕 토마스 에디슨은 어두컴컴한 불빛 속에서 지내던 사람들에게 빛을 선물했는데요, 백열등 같은 인공조명이 발명되자 더 많은 전기가 필요해졌거든요. 그때 화력 발전소가 세워져 쉴 없이 석탄과 석유, 천연가스를 태워 전기를 생산했어요.

비슷한 시점에 석유를 원료로 하는 플라스틱도 세상에 나왔어요. 플라스틱 덕분에 인류는 편리한 삶을 누리게 됐지만, 영원히 썩지 않는 플라스틱은 얼마 지나지 않아 큰 골칫거리가 됐어요. 플라스틱이 생태계를 파괴하는 것뿐만 아니라 우리 몸의 질서를 깨는 환경 호르몬을 배출한다는 사실이 밝혀졌거든요.

인류는 화석연료 덕분에 엄청난 경제 성장을 이뤘지만 브레이크 없는 발전 속에서 환경은 돌이킬 수 없을 정도로 파괴됐어요. 기후 역시 예상하지 못한 방향으로 변해 버렸어요. 산업화를 거치며 더욱 편리한 삶을 얻었지만 너무나 많은 에너지를 소비해 지구는 더욱 뜨거워지고  기상 이변이 수시로 발생하고 있지요. 산업화를 통해 정말로 우리가 얻게 된 건 무엇일까요?

과거 역사를 보면 인류의 문명은 석탄, 석유와 같은 에너지에 의존하고 있어요. 석탄이 대량 생산되면서 석탄에 기반을 둔 경제가 만들어졌고, 석유가 등장하자 석유를 주축으로 하는 사회로 빠르게 전환됐죠. 산업계에서는 이익을 얻기 위해 에너지의 변화에 민감하게 개발을 하고 성과물을 내놓기 마련인데 말이 끄는 마차에서 증기 기관차와 휘발유 자동차로 대체된 것이 바로 그 성과물이죠.

그렇다면 지금 첨단 기술의 정점에 서 있는 인류가 재생에너지를 기반으로 한 사회를 만들겠다고 결심하면 어떻게 달라질까요? 예를 들어 기후 변화에 대한 대안으로 지금은 전기와 수소 자동차가 눈에 띄게 늘고 있어요. 화석연료를 덜 쓰면서 이산화탄소 배출을 줄이기 위한 노력이죠. 화석연료에 계속 의지하며 환경 부담이 큰 발전을 이룰 것인지, 아니면 성장 속도가 조금 더뎌지더라도 친환경의 새로운 시대로 나아갈지는 모두 고민해야 할 문제예요. 무엇을 우선 가치로 두느냐에 따라 우리가 살 미래의 풍경이 달라질 거예요. 여러분은 어떤 선택이 더 가치 있어 보이나요?

## 인류 생존의 데드라인 "0.5℃"

제가 '교토 의정서' 세대라면 여러분은 '파리 협약' 세대라고 할 수 있어요. 무슨 말이냐고요? 교토 의정서와 파리 협약은 모두 기후 변화에 관한 국제적인 약속들이에요.

먼저 교토 의정서는 1997년 12월 일본 교토에서 개최된 '지구온난화 방지 교토 회의'에서 채택됐어요. 2005년부터 정식으로 시작됐고, 38개 선진국을 대상으로 온실가스를 줄이도록 의무화했지요. 당시 우리나라는 개발도상국으로 분류되어 감축의 의무를 지지 않았지만 지금은 상황이 달라졌어요. 이산화탄소 배출량이 세계 7위인데다가 경제 규모로 봐도 세계 10위권 안에 올라 있기 때문이에요. 온실가스를 줄이는 의무를 제대로 지키지 않으면 우리가 생산한 제품을 유럽에 수출할 수 없다거나 무거운 세금을 내는 등의 규제를 받아요. 경제적으로 큰 타격을 입게 되기 때문에 국가 경제 차원에서도 자발적으로 약속을 이행해야 하죠.

교토 의정서 이후 2015년 프랑스 파리에서 새로운 기후 변화 협약이 만들어졌어요. 이번에는 전 세계 200여 개의 거의 모든 나라가 참여했는데요, 지구의 평균 기온 상승폭을 산업혁명 이전과 비교해 2℃ 아래로 유지하되, 가급적 1.5℃를 넘지 말자고 결정했습니다.

왜 2℃가 아닌 1.5℃일까요? 연구에 따르면 지구의 평균 기온이 산업혁명 이전보다 2℃ 더 올라가면 생물종의 20~30%가 멸종하는 등 상상할 수 없는 재앙이 닥친다고 해요. 작은 차이라고 느껴질 수도 있지만 지구의 평균 기온이라는 점에서 엄청난 거예요. 일정하게 유지되는 사람의 체온인 36.5℃에서 1~2℃만 올라가도 고열이 나고 생명이 위험해지는 것과 비슷하죠. 산업혁명 이후 이산화탄소 농도가 증가하면서 지구의 평균 기온은 이미 1℃ 가까이 올랐어요. 이제 우리에게 남은 것은 단 0.5℃예요.

지구의 기온이 고작 1℃ 상승했지만, 북극의 얼음은 여름마다 크게 녹아 사라지고 있어요. 더불어 극지방의 빙하가 녹으면서 해수면도 점점 높아지고 있죠. 우리나라도 가을에 닥치는 슈퍼태풍과 건조해진 기후로 인한 잦은 산불 등 지구온난화의 피해를 입고 있어요. 앞으로 남은 0.5℃가 인류의 생존을 결정하게 해 줄 데드라인입니다.

지금처럼 온실가스를 계속 배출한다면 2040년쯤에는 결국 평균 기온이 데드라인인 1.5℃ 이상 올라갈 것으로 예상돼요. 그때 우리는 어떤 기상 이변과 마주하게 될까요? 피해는 개발도상국이나 후진국에 집중되고, 그 안에서도 저소

득층과 노인, 어린이들이 가장 큰 위험에 처하게 될 거예요.

   태풍이나 홍수를 막을 댐과 방조제를 갖추지 못한 방글라데시에서는 해마다 수많은 사람들이 목숨을 잃고 있어요. 가뭄이 심해지는 아프리카에서는 식량 부족과 질병으로 역시 피해가 눈덩이처럼 불어나고 있어요. 해수면이 높아지면서 고향을 잃은 섬 주민들도 있죠. 우리나라에서도 매년 태풍의 피해는 주로 농촌이나 어촌에 집중되고 있어요. 비가 많이 오는데 논의 배수로를 보러 나가거나 바다로 조업을 나갔다가 사고를 당하는 거예요. 여름철 폭염도 마찬가지로 찜통 같은 비닐하우스에서 또는 선풍기조차 없이 여름을 나는 도심의 변두리에서 안타까운 죽음이 늘어나고 있어요.

   이처럼 기후 변화로 인한 피해는 후진국과 소외 지역에 몰리고 있어요. 그런데도 역설적으로 가장 많은 온실가스를 배출한 선진국이나 기업들은 책임을 지지 않는 경우가 많아요. 여기서 바로 '기후 변화의 불평등' 문제가 발생하게 된답니다. 국제 사회에서는 한창 경제 성장의 절정을 달리고 있는 중국이나 인도 같은 나라가 선진국들에게 모든 책임을 지라고 요구하고 있어요. 선진국에서 많은 온실가스를 배출해 놓고 기후 변화에 대한 책임을 개발도상국에게

도 나눠 지라고 하는 것은 불공평하다는 거예요. 여러분은 어떻게 생각하나요?

전 세계에서 가장 많은 온실가스를 배출하는 미국이나 호주 같은 나라는 자꾸 책임을 지지 않으려고 해요. 2019년 말 호주에서 일어난 산불을 기억하나요? 산불을 꺼 줄 시원한 비는 내리지 않았고, 불씨는 꺼졌다 싶다가도 되살아나기를 반복했지요. 인명뿐만 아니라 코알라를 비롯한 수많은 야생동물의 생명을 앗아간 끔찍한 사건이었어요.

전문가들은 호주 산불의 주요 원인 중 하나로 기후 변화를 꼽고 있어요. 기온이 올라가면서 점점 더워지고 건조해져 산불의 위험이 매우 높아졌거든요. 그런데 당시 호주의 모리슨 총리는 과거와 비슷한 자연 재해일 뿐이라며 기후 변화를 부정했어요. 이와 같은 모리슨 총리의 뻔뻔한 태도에 전 세계인들은 분노했어요. 결국 여론의 비난이 커지자 "우리는 점점 더워지면서도 건조해지는 여름 속에 살고 있다"고 말하며 호주의 산불이 분명히 기후 변화의 영향을 받아 일어난 재해라고 인정했어요. 평소 석탄 산업을 적극적으로 지지했던 모리슨 총리는 이 발언을 통해 산불과 기후 변화의 연관성을 처음으로 인정했죠.

호주와 같은 선진국들이 기후 변화의 책임에서 자꾸만

발을 빼려하는 이유는 뭘까요? 환경 부담이 막중한 석탄이나 석유에 기반을 둔 지금의 사회에서 벗어나기 위해서는 모든 시설을 원점에서 재검토하고 다시 엄청난 비용을 투자해야 해요. 자동차 연료로 휘발유나 경유를 사용할 수 없다면 전기나 수소 차량으로 대체해야 하고, 모든 주유소를 전기나 수소 충전소로 바꿔야 하죠. 가장 큰 반발은 비싼 전기 자동차를 살 수 없는 저소득 계층에서 터져 나올 거예요.

공장이나 발전소 역시 마찬가지예요. 환경을 위해 화력 발전소의 문을 닫고 풍력과 태양광으로 전기를 생산하는 것은 좋지만 전기 요금이 2배로 올라가는 것을 반길 사람은 없을 거예요. 우리 눈앞에서 벌어지고 있는 기후 변화는 너무나도 뚜렷하고 과학적으로 예측 가능하지만, 이런 경제적인 이유에서 눈을 가리고 귀를 막고 싶어 해요. 그 결과 온난화에 대한 행동을 미루려는 경향도 나타나고요.

결국 기후 변화의 책임을 서로 미루는 사이에 온실가스 농도는 매년 높아지고 온난화도 가속화되고 있어요. 10년 전부터라도 기후 변화에 대한 적극적인 대응이 이뤄졌다면 상황은 달랐을 거예요. 이미 기후 변화가 진행되고 있는 지금부터라도 행동해야 미래가 달라지지 않을까요?

1952년 12월 영국 런던에는 회색빛 안개가 자욱했어요. '살인 스모그'라 불리는 최악의 대기오염 사건이지요. 겨울에 자주 끼는 안개에 매연이 합쳐진 스모그는 사람들의 목숨을 앗아 갈 만큼 치명적이었어요.

공장과 발전소, 자동차가 내뿜는 매연을 품는 스모그가 나흘간 걷히지 않았고, 사람들은 기침을 하며 결국 병에 걸려 죽어 갔지요. 사망자만 1만 2000명에 달했고, 호흡기 질환자도 10만 명이 넘었던 것으로 추정돼요. 하지만 당시에는 직접적인 원인을 알아내지 못해 그저 억울하게 죽음을 맞을 수밖에 없었답니다.

무엇이 사람들을 죽음에까지 이르게 한 걸까요? 석탄과 석유의 성분에 답이 있어요. 이 화석연료들은 과거에 살았던 동물이나 식물이 땅속에 묻혀 만들어졌기 때문에 유기물이 주요 성분이에요. 유기물은 우리의 몸처럼 탄소와 수소, 산소, 황과 같은 성분으로 이루어져 있죠. 그래서 유기물을 태우면 산소와 결합하는 산화 반응이라는 것이 일어나서 이산화탄소, 질소산화물, 황산화물 같은 물질이 만들어져요. 이 물질들이 바로 대기오염을 일으키면서 동시에 지구의 기온을 높이는 주범인 온실가스랍니다.

런던 스모그가 발생한 1950년대 전 세계 석탄 생산량은 15억 톤 정도로

추정됩니다. 화석연료를 지나치게 많이 사용한 결과, 그 피해가 고스란히 인류에게 되돌아온 거예요. 누굴 탓할 수 있을까요?

　미국 인디언들은 평생을 살아가면서 사용하는 물건이 263개 정도에 불과하지만, 현대인은 1만 개 이상의 물건을 사용한다고 해요. 그만큼 우리는 대량 생산과 대량 소비에 익숙해진 채 살아가고 있죠. 자동차 중독에 일회용품을 펑펑 쓰는 사람이 미세먼지나 폭염이 심하다며 불평을 한다면 어떨까요? 아직도 나의 생활과 기후 변화가 관련이 없다고 생각하나요?

　하지만 산업화로 일상의 편리함을 누리고 있는 우리는 분명히 기후 변화의 피해자인 동시에 가해자입니다. 기후 변화의 가해자가 되지 않으려면 생활 습관을 바꾸려고 노력해야 해요. 일단 자동차 사용을 줄이고 대중교통을 이용해 보면 어떨까요? 일회용 컵 대신 텀블러를 들고 다니는 모습이 세련되어 보이는 세상이 빨리 왔으면 좋겠어요. 어떤 모습의 지구에서 살아갈지는 미래를 이끌어 갈 바로 여러분에게 달려 있는지도 모릅니다.

4장

극한 기후 시대에
살고 있는 우리

## 기후 변화, 꼭 우리가 책임져야 하는 문제일까?

과연 기후 변화를 늦추려는 우리의 노력은 얼마나 효과를 발휘하고 있을까요? 세계기상기구의 온실가스 연보를 통해 확인할 수 있어요. 전 지구의 평균 이산화탄소 농도가 얼마나 변했는지 보여 주는 가장 정확한 자료이죠.

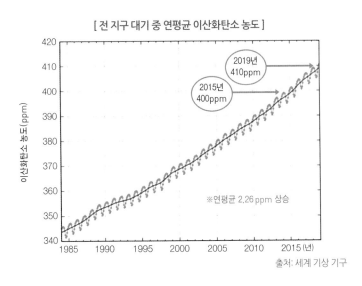

[ 전 지구 대기 중 연평균 이산화탄소 농도 ]

2019년 410ppm

2015년 400ppm

※연평균 2.26ppm 상승

출처: 세계 기상 기구

100

이 자료를 보면 시간이 지날수록 이산화탄소의 농도가 높아지는 것을 알 수 있어요. 1750년에 있었던 산업혁명 이전과 비교하면 50% 가까이 증가한 거예요. 2019년에는 사상 처음으로 410ppm을 돌파했어요. 2015년 처음으로 400ppm을 넘어선지 3년 만이었어요. 이렇게 매년 2~3ppm씩 이산화탄소 농도가 높아지면 30년도 채 안 걸려서 500ppm에 도달할 것으로 보여요. 1958년 하와이에서 이산화탄소 관측을 처음 시작한 찰스 킬링 박사도 상상하지 못했을 빠른 변화예요.

세계기상기구는 파리 협약에도 불구하고 온실가스 농도가 줄어들 조짐이 보이지 않는다고 말했어요. 우리나라의 이산화탄소 농도는 2018년 기준 415.2ppm으로 2017년보다 3ppm이나 늘었고 전 지구적인 추세보다 상승폭이 컸죠.

이산화탄소의 농도가 꾸준히 올라가는 이 상황에서 지금 즉시 이산화탄소 배출을 멈춘다고 해도 앞으로 수백 년 정도 온난화의 추세가 계속될 거예요. 왜냐고요? 온실가스의 80% 이상을 차지하는 이산화탄소는 한번 배출되면 사라지지 않고 최소 100년에서 길게는 300년이나 대기에 머무르거든요. 지금 우리가 이산화탄소 배출을 0으로 줄여도 300년 전에 배출된 이산화탄소가 여전히 대기에 존재하고 있죠. 동시에 지금 우리가 배출한 이산화탄소가 300년 뒤 후손들에게도 영향을 줄 수 있어요. 이렇게 생각하면 책임감이 훨씬 무거워집니다.

이산화탄소 다음으로 온실효과가 큰 물질은 메탄이에요. 메탄은 전체 온실가스의 17%를 차지하는데, 한번 배출되면 대기 중에 머무는 시간이 9년 정도예요. 이산화탄소와 비교해 머무는 시간이 짧기 때문에 배출량을 줄이면 가장 큰 효과를 볼 수 있는 온실가스로 꼽힌답니다. 전체 온실가스의 6%를 차지하는 아산화질소는 대기 체류 시간이 121년 정도로 길어요. 메탄과 아산화질소는 토양이나 해양에서 자연적으로 배출되기도 하고, 화석연료나 비료를 사용할 때, 그리고 공장에서 많이 나와요.

온실효과가 이산화탄소의 2만 2,800배나 되는 육불화황이라는 물질도 철저한 감시가 필요해요. 교토 의정서에도 온실가스로 밝혀 둔 물질이죠. 한번 배출되면 3200년 동안이나 사라지지 않아서 거의 좀비급 온실가스라고 할 수 있어요. 극미량이긴 하지만 반도체나 알루미늄 생산 공정 등에 사용되고 있어 최근 세계적으로 배출량이 늘고 있어요.

요즘 가장 큰 이슈인 미세먼지는 자동차를 줄이거나 발전소를 멈추면 단기적으로 효과를 볼 수 있어요. 미세먼지

를 이루는 오염물질이 대기에 머무는 시간은 대부분 2~3
일 정도로 짧기 때문이에요. 일주일만 산업 활동을 멈춰도
공기는 깨끗해질 수 있어요.

그러나 이산화탄소의 영향을 받는 온난화 문제는 훨씬
더 복잡해요. 인간의 활동으로 배출된 이산화탄소의 22%
는 해양에 흡수되고, 29%는 나무와 같은 육지에 흡수되지
만, 나머지 절반 정도는 대기 중에 계속 쌓여 가거든요.

엎친 데 덮친 격으로 자연이 더 많은 이산화탄소를 흡수
해 주기를 기대할 수도 없는 상황이에요. 이산화탄소 저장
고 역할을 해 왔던 바다가 따뜻해지면서 더 이상 완충 작
용을 하지 못하게 됐거든요. 냉장고에서 시원하게 보관한
탄산음료를 밖에 두면 탄산이 거품처럼 빠져나가죠? 기체
는 온도가 낮을수록 액체에 잘 녹기 때문이에요. 바다의
수온이 높아지면 저장되어 있던 이산화탄소가 점점 대기
중으로 빠져나오게 되죠. 또 아마존 같은 거대한 숲도 개
발을 이유로 점점 사라지면서 자연의 이산화탄소 흡수량이
뚝뚝 떨어지고 있어요. 반대로 온실가스 농도는 점점 올라
가고 있지요.

세계기상기구는 현재처럼 높은 온실가스 농도는 지구 역
사상 300만 년에서 500만 년 전에 마지막으로 나타났다

고 밝혔어요. 당시 기온은 지금보다 2~3℃, 해수면 높이는 10~20미터나 높았대요. 이 정도라면 태평양의 섬나라뿐만 아니라 우리나라의 해안 도시도 모두 물에 잠겨 버릴 수 있어요. 기록적인 폭염과 한파, 집중호우, 슈퍼태풍, 가뭄 같은 재해와 함께 많은 생물의 멸종이라는 최악의 상황에 맞닥뜨려야 한다는 의미이기도 해요.

문제는 시간이 얼마 남지 않았다는 점이에요. 기후 변화를 처음 연구할 때는 대부분 이런 파국이 100년쯤 뒤에나 일어날 거라고 생각했어요. 그러나 2020년에 접어들면서 기후학자들은 기후 변화에 의한 극한 상황이 2050년 무렵에 닥쳐 올 거라고 내다보았어요. 기후 위기가 머나먼 후손의 이야기가 아니라 이제 내 일이 된 거예요. 더 이상 기후 변화를 막기 위한 행동을 미뤄서는 안 돼요.


## 바람이 멈추면 무슨 일이 벌어질까?


석탄과 석유 같은 화석연료는 온실가스의 주범인 동시에 공기를 더럽혀요. 기후 변화와 대기오염을 따로 생각할 수 없는 이유이기도 하죠. 석탄을 태우는 화력 발전소와 석유

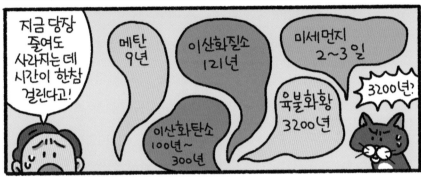

를 연소시켜 엔진을 움직이는 자동차에서는 엄청난 양의 미세먼지가 쏟아져 나와요. 2019년 우리나라는 미세먼지를 사회 재난으로 지정했어요. 미세먼지 농도가 높을 것으로 예보가 되면 오염 물질이 많이 배출되는 오래된 경유차는 운행할 수 없고, 공공기관을 중심으로 차량 2부제가 시행되죠. 이를 어기면 무거운 벌금을 내야 해요.

그런데 최근에 미세먼지가 더 심해졌기 때문에 재난으로까지 불리게 된 걸까요? 이에 대해서는 다양한 의견이 존재해요. 어떤 학자들은 미세먼지 농도가 평균적으로 계속 낮아지고 있다고 주장해요. 과거 시커먼 매연을 내뿜던 버스와 트럭들이 지금은 환경 규제로 거의 사라졌거든요. 공장이나 발전소에서도 마찬가지로 대기 환경 기준이 강화되면서 예전처럼 오염물질을 마구 배출할 수 없게 됐어요. 그러나 중국의 경제 개발이 활발해지면서 더 많은 미세먼지가 바람에 실려 날아오고 있지요. 과연 진실은 무엇일까요?

서울시에서 측정한 미세먼지 관련 데이터를 보면 최근으로 올수록 모든 먼지 농도가 감소하고 있어요. 그래프의 시작 시점이 제각각인 것은 관측 시기가 다르기 때문인데요, 환경부는 1990년대 중반까지는 그을음 같은 공기 중에 떠 있는 아주 작은 입자인 부유분진만 관측했어요. 관측 초

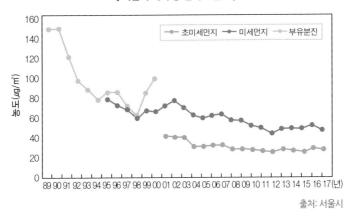

[ 서울시 대기 중 먼지 오염도 ]

농도(㎍/㎥)

━●━ 초미세먼지  ━●━ 미세먼지  ━●━ 부유분진

89 90 91 92 93 94 95 96 97 98 99 00 01 02 03 04 05 06 07 08 09 10 11 12 13 14 15 16 17(년)

출처: 서울시

기인 1989년과 1990년의 부유분진 농도를 보면 세제곱미
터에 150마이크로그램 수준으로 엄청 높지요. 1995년부터
는 총 부유분진에서 미세먼지만 따로 관측하기 시작했고,
2001년부터는 크기가 더 작은 초미세먼지를 분리해 관리하
기 시작했어요. 초미세먼지가 호흡기 깊숙이 들어가 건강
에 치명적인 피해를 준다는 점이 드러났기 때문이지요. 공
기를 깨끗하게 만들려는 노력에 힘입어 초미세먼지 농도는
점점 낮아졌고, 2010년대 이후에는 세제곱미터에 20마이
크로그램을 약간 웃도는 수준을 유지하고 있어요. 그러나
여전히 세계보건기구가 권고하고 있는 기준인 15마이크로
그램 이하를 만족시키지 못하고 있어요.

　과거와 비교해서 우리나라의 공기가 좋아진 것은 확실해

요. 1988년 서울에서는 우리나라 최초의 올림픽이 개최됐어요. 그런데 서울의 공기가 너무 오염돼 외국 선수들이 훈련을 할 수 없다고 항의했대요. 대신 일본에서 머물다가 경기가 있는 날에만 한국에 오겠다고 말할 정도였다니, 완전 굴욕적이었죠. 당시 서울의 초미세먼지 농도는 지금의 4배 수준인 100마이크로그램을 웃돌았어요. 서울 올림픽을 계기로 집집마다 연탄 사용을 줄이고, 석유의 품질을 개선시켜 대기오염 물질이 덜 배출되도록 노력했지요. 공장이나 발전소의 굴뚝에는 배출 가스를 줄여 주는 장치를 의무적으로 설치하게 했어요. 그 결과 미세먼지와 초미세먼지의 농도가 과거의 절반 이하로 내려갔답니다.

그러나 국민들이 체감하는 미세먼지 농도는 나날이 나빠지는 것 같기만 해요. 왜일까요? 미세먼지의 평균 농도가 전반적으로 낮아지고 있지만 기상 요인의 영향으로 고농도 미세먼지가 잦아졌기 때문이에요. 스마트폰에서 미세먼지 나쁨 알람이 시도 때도 없이 울리고, 언론에서도 많은 뉴스가 쏟아지니 심리적으로도 더 불안해질 수밖에 없지요.

그런데 최근 미세먼지가 심각하게 늘어나는 이유가 온난화와 관련 있다는 연구 결과가 많이 나오고 있어요. 대기오염 물질의 배출은 크게 늘지 않았지만 바람이 약해지면서 대기 순환이 멈춰 버려 미세먼지 농도가 치솟고 있는 거예요. 미세먼지와 바람은 완전한 반비례 관계예요. 바람이 세게 불면 먼지가 흩어지면서 농도가 낮아지고, 반대로 바람이 약하면 먼지가 정체해 농도가 높아지죠.

그런데 최근 한반도에서 강한 바람이 사라지는 경향이 뚜렷해지고 있어요. 국립기상과학원이 지난 30년간 우리나라 강풍의 변화를 조사해 봤더니 2010년을 전후해 급격하게 줄어든 것을 확인할 수 있었어요. 강풍이란 초속 14미터 이상의 바람으로 '강풍주의보'가 내려지는 기준이에요.

계절별로 봤더니 겨울철 강풍이 가장 많이 줄었고, 그다음으로 봄과 가을, 여름의 순서였어요. 겨울에는 시베리아에 자리 잡은 대륙 고기압이 확장하면서 차가운 북서풍이 불어오는데요, 1990년대 중반까지는 전국에서 기록된 겨울철 강풍 횟수가 최대 100회를 넘나들었지만, 2010년대를 지나면서 20회 남짓으로 줄었어요. 차가운 북서풍이 사라지면 추위가 누그러진 대신 미세먼지가 밀려오는 날이 크게 증가해요. 그래서 과거 3일 추우면 4일은 따뜻하다는 '삼한사온'이라는 말을 지금은 3일은 춥고 4일은 미세먼지가 심하다는 '삼한사미'로 바꾸어 말할 정도예요.

겨울에 불던 강풍이 사라진 원인도 온난화가 꼽혀요. 바람은 육지와 바다의 온도 차이에 의해 불어요. 낮 동안 햇볕을 똑같이 받아도 육지는 빨리 데워지고 바다는 천천히 데워져요. 육지와 바다의 기온 차이에 의해 낮에는 바다에서 육지로 해풍이 불고 밤에는 반대로 육지에서 바다로 육풍이 불게 되죠. 그런데 온난화로 육지와 바다의 온도가 함께 올라가면서 온도 차이가 점점 줄게 됐어요. 특히 겨울철은 변화가 가장 심각해요. 대륙 고기압이 약해지고 차가운 북서풍 대신 중국의 미세먼지를 실은 따뜻한 남서풍이 불기 시작했죠. 강풍이 줄어든 우리나라에 실려 온 미세먼지는 외부로 빠져나가지 못하고 대기 중에 남아 미세먼지 감옥이 되어 버렸어요.

여기에는 저 멀리 북극의 온난화도 영향을 미치고 있어요. 최근 온난화로 기온이 가장 많이 올라간 지역이 바로 북극인데요, 북극과 적도의 온도 차이가 과거보다 줄면서 지구의 대기 순환을 일으키는 바람이 약해지고 있어요. 결국 적도와 북극 사이에 있는 우리나라를 비롯한 중위도에서 대기가 정체되어 미세먼지 농도가 점점 올라가고 있답니다. 멀게만 느껴졌던 북극의 온난화가 우리나라의 미세먼지 감옥을 만드는 데 한몫했지요. 우리가 발생시킨 온실가스는 언젠가 우리에게 되돌아올 거예요. 지구에 사는 우리

# 미세먼지의 진짜 원인은 무엇일까?

모두는 지구온난화라는 부메랑을 피할 수 없어요.

온난화가 가속화되면 해마다 미세먼지 감옥이 반복될 거라는 불길한 예측이 나오고 있어요. 미세먼지가 사회 재난으로 지정되는 등 미세먼지 감소 정책에도 불구하고 최근 미세먼지 농도가 제자리인 것은 온난화의 영향이 큰 것으로 분석되고 있어요. 그러니까 이제는 기후 변화뿐만 아니라 미세먼지까지, 두 마리의 토끼를 모두 잡아야 하는 상황이 된 거예요. 지구의 상황이 점점 악화되고 있는 지금, 더 이상 우리가 물러설 곳은 없어요.

## 온난화인데 왜 한파가 올까?

2000년대 이후 우리나라의 여름은 더욱 더워지고, 겨울은 더 따뜻해지는 경향이 나타났습니다. 특히 2010년 이후에는 이러한 변화가 훨씬 극적으로 나타났어요. 그런데 2009년을 기점으로 온난화 속에 '이상 한파'가 찾아왔어요. 2010년부터 2013년까지 네 번의 겨울철에 연속적으로 과거보다 추운 시기가 찾아왔죠. 특히 2011년 1월의 평균 기온은 평년보다 3.8℃, 2012년 12월은 3.2℃나 낮아 아주 추운 겨울 보내야 했어요. 우리나라뿐만 아니라 북미와 유럽에도 추운 겨울이 몰아닥쳤고요.

당시 북반구를 꽁꽁 얼려 버린 것은 바로 북극이었어요. 온난화로 북극의 얼음이 이례적으로 많이 녹았거든요. 북극 주위에는 제트기류라는 강한 바람이 불고 있어요. 북극이 따뜻해지자 찬 공기를 북극 상공에 머무르게 하는 제트기류가 약해져 찬 공기가 남쪽으로 흘러나갔어요.

북극의 찬 공기는 빗장이 풀린 듯 북반구 중위도까지 밀려 내려와 북극발 한파를 몰고 왔어요. 갑작스러운 한파의 습격을 받게 되자 기후학자들은 충격에 빠졌어요. 온난화가 심해지면 추운 겨울은 머지않아 사라질 거라고 생각했는데 한파라니, 갑자기 뒤통수를 맞은 기분이었지요. 결국 겨울이 전반적으로 따뜻해지고 있지만, 북극이라는 강력한 변수 때문에 주기적으로 엄청난 강추위가 찾아올 수 있다는 가능성이 제기됐어요.

기상청은 지난 1973년 이래로 한반도의 계절 길이가 어떻게 변하고 있는지 분석했는데요, 그 결과 여름은 지난 45년간 22일 정도 길어졌어요. 2년마다 하루씩 늘어난 거예요. 반대로 겨울은 4년에 하루씩 짧아지는 결과가 나왔어요. 1973년 이후 지난 45년간 겨울의 길이는 11일 정도

줄었어요. 겨울이 따뜻해지면서 길이도 점점 짧아지고 있지만 동시에 겨울 강추위는 사라지지 않는다니, 어찌 보면 역설적인 상황이라고 할 수 있어요.

북극은 과거부터 온난화의 상징처럼 여겨졌어요. 얼음 위에서 위태롭게 버티고 있는 북극곰은 지구온난화를 떠올릴 때 가장 쉽게 연상되는 이미지이기도 하죠. 수영을 오래 할 수 없는 북극곰은 사냥을 하다가 얼음에 올라가 숨을 고르는데 얼음이 녹아서 사라지자 결국 물에 빠져 죽는 경우가 많아졌어요. 북극곰의 멸종이 코앞에 다가온 듯 보였고 환경단체에서는 북극곰을 살리자는 캠페인을 벌였지요.

그러나 북극의 온난화는 북극에만 머물지는 않아요. 우리나라의 겨울철에 한파를 몰고 오고, 여름철에는 심한 폭염을 몰고 오죠. 늦가을부터 시작돼 겨울과 봄까지 이어지는 미세먼지는 또 어떤가요? 북극은 눈과 얼음으로 덮여 있는 바다이기 때문에 기후 변화에 가장 민감한 곳이에요. 햇볕을 반사해 기온을 낮추는 눈과 얼음이 녹아서 사라지자 북극 바다는 빠른 속도로 뜨거워졌어요. 그 결과 해가 갈수록 기후 변화가 가속화되고 있지요.

온실가스의 대부분은 북반구 중위도 국가들이 배출하고 있어요. 우리나라를 포함해 미국과 유럽, 인도, 중국, 일본

같은 온대 기후 지역에 위치한 선진국들이죠. 이 지역의 북극발 온난화의 피해도 만만치 않아요. 미국은 겨울이 시작되자마자 눈 폭풍에 갇혀 버리고, 유럽에서는 한파 사망자가 속출해요. 동아시아도 마찬가지예요. 중국에서는 한겨울 기온이 영하 40℃ 아래로 내려가 유목민이 키우는 가축들이 얼어 죽고 사람들도 기나긴 추위와 굶주림에 시달려요. 행동에 따른 결과가 반드시 뒤따라온다는 뜻의 '인과응보(因果應報)'라는 고사성어가 떠오르지 않나요?

우리 모두는 지구라는 행성에 살고 있어요. 지구를 떠난 삶은 상상할 수 없지요. 우리가 생활하면서 배출한 온실가스는 여전히 지구에 머물고 있어요. 특히 수백 년 간 지구를 둘러싼 대기 중에 머물러 있는 이산화탄소는 북극의 얼음을 녹이고, 결과적으로 여름철 폭염과 겨울철 추위, 고농도 미세먼지까지 불러오지요. 결국 지구에 사는 우리 모두는 기후 변화에 대한 공동의 책임을 피할 수 없답니다. 자기가 저지른 일은 스스로 해결해야 한다는 '결자해지(結者解之)'의 마음가짐이 무엇보다도 중요한 이유예요.

## 기후 변화는 모두에게 공평하게 찾아올까?

기상 이변의 피해는 중위도 지역의 국가에만 그치지 않아요. 온실가스를 평생 배출할 일이 없는 사람들도 지독한 가뭄과 폭염, 홍수 등으로 고통받지요. 기후를 변화시킨 주범은 따로 있는데 언제나 피해는 힘이 약한 가난한 나라와 취약 계층에게 집중되고 있어요.

2018년을 기준으로 중국과 미국은 화석연료로 인한 이산화탄소를 가장 많이 배출한 나라예요. 무려 5,000메가톤 이상의 이산화탄소를 배출했지요. 인도와 러시아, 일본, 독일에 이어 우리나라도 불명예스럽게 7번째에 올랐어요. 반대로 남미와 아프리카, 유럽의 일부 국가 등 이산화탄소를 거의 배출하지 않은 나라도 있어요. 만약 이산화탄소 배출량만으로 세계지도를 다시 그린다면 미국과 아시아 국가들은 배가 터질 것처럼 엄청나게 살찐 모습일 테고, 남미와 아프리카는 존재감을 찾아볼 수 없을 정도로 쪼그라든 모습일 거예요. 선진국들의 탐욕이 느껴지지 않나요?

그러나 기후 변화에 가장 큰 피해를 입는 나라들은 따로 있어요. 아시아는 온실가스를 많이 배출하면서 피해도 큰 지역에 속해요. 반면 중남미와 아프리카, 그린란드는 온실가스를 거의 배출하지 않지만 큰 피해를 입는 지역이에요. 기후 변화의 불평등이 가장 극적으로 나타나는 곳이죠.

기후 변화로 인한 가뭄이나 홍수, 태풍 같은 재해로 가장 큰 피해가 우려되는 나라는 중국과 인도, 방글라데시, 필리핀, 베트남, 홍콩, 소말리아, 마카오, 수단, 에티오피아 순서로 나타났어요. 1위부터 10위까지 상위권에는 아시아의 아프리카 국가들이 이름을 올린 건데, 선진국들은 대부분 피해 위험이 낮았지요.

해수면 상승의 경우 지부티, 모나코, 그린란드, 수리남, 가이아나 같은 나라들이 가장 큰 피해를 입을 전망이에요. 대부분 저소득 국가로 분류돼 있어요. 기후 변화에 의한 농업 피해는 아프리카와 남미 국가들에서 가장 심각할 것으로 보여요.

모든 요소들을 종합적으로 고려했을 때, 피해 위험이 가장 높은 국가는 1위부터 10위까지 중국, 인도, 중앙아프리카 공화국, 적도기니 공화국, 부룬디, 수단, 방글라데시, 르완다, 세네갈, 나미비아 순위로 나타났어요. 선진국들은 종합 순위 100위까지 단 한 나라도 포함되지 않았답니다. 기후 변화를 직접적으로 유발한 나라들인데 말이에요. 참 아이러니하죠?

여기에서 '기후 정의'에 대한 고민이 시작돼요. 피해를 입고 있는 개발도상국과 후진국에 선진국이 과연 어떤 도움을 줄 것인지 책임감 있는 자세가 필요해요. 기후 변화를 극복하거나 적응할 수 있는 기술을 전해 주고 재정을 마련해 주는 '기후 변화 원조'가 필요한 시대죠. 우리나라를 비롯한 많은 나라들이 행동에 나서고 있어요. 날씨 예보 기술을 전해 준다거나, 홍수 피해를 막기 위한 댐을 지어 주고, 가뭄에 강한 농작물을 보급해 주는 등 다양한 방법으로 도움을 주고 있답니다.

전 세계적으로 이산화탄소 배출량이 증가하고 있는 가운데, 일부 유럽과 일본에서는 재생 에너지를 늘리며 배출량을 감소시키고 있어요. 이산화탄소 배출량 7위 국가인 우리나라를 비롯해 배출량이 많은 선진국을 필두로 모든 국가가 힘을 합쳐 이산화탄소를 줄여 나가야 할 때입니다.

2001년 미국은 교토 의정서 탈퇴를 선언했어요. 의정서의 효력이 생기기기도 전에 모든 것이 무산될 처지에 놓였죠. 다행히 2004년 러시아가 교토 의정서에 참여하면서 발효 기준을 만족시켜 2005년 국제 협약으로서 법적 효력을 발휘하게 됐어요. 현재 141개국이 참여하고 있고 유럽이 주축을 이루고 있답니다.

그런데 미국의 방해는 여기서 끝나지 않았어요. 2019년 11월 트럼프 미국 행정부는 파리 기후 변화 협약에서도 탈퇴하겠다고 밝혔어요. 전 세계가 어렵게 도출해 낸 온실가스 감축 합의에서 미국이 자꾸 발을 빼는 거예요. 속마음은 자신의 나라만 생각하는 이기주의에 있어요. 과연 이것이 미국을 위한 선택일까요?

트럼프 대통령은 석탄 발전소나 석유 기업을 옹호하며 환경 규제를 없애는 일에 앞장섰어요. 전직 오바마 대통령이 이뤄 놓은 신재생 에너지에 대한 정책도 대부분 원점으로 돌려놨죠. 미국의 온실가스 배출은 이미 10% 이상 줄었다며 파리 협약을 지지하지 않는 전 세계 유일한 국가를 자처했지요. 미국 국민들은 과연 어떻게 생각하고 있을까요?

전 세계적으로 이산화탄소를 대량으로 배출하는 국가인 미국이 약속을 어기고 딴 소리를 하는 상황에서 다른 나라들의 속마음은 어떨까요? 아마도 파리 협약에 적극적으로 참여하고 싶은 마음이 사라질 거예요. 전 세계가 기후 변화를 막기로 약속했는데 가장 책임이 큰 나라가 발을 뺀다면 화가 나지 않을까요? 하지만 힘이 센 미국을 속으로만 욕할 뿐 직접 책임을 묻기는 힘든 사정이에요.

우리나라 역시 정부가 바뀔 때마다 에너지 정책이 계속 변해 왔어요. 녹색 성장*을 내세우다가 주춤하고, 어느 날 갑자기 탈핵 정책이 등장하기도 했어요. 가장 중요한 점은 일관성이겠죠. 미국이 녹색 에너지를 주장하다가 갑자기 트럼프 정부에 들어서 화석연료가 부활하는 일이 벌어진 것처럼 우리도 비슷한 일이 없으리라는 법은 없어요. 만일 미국 트럼프 정부처럼 마치 자신의 임기 동안만 살고 말 것처럼 눈앞의 이익만을 추구하는 이기적인 결정을 막지 않는다면 우리는 앞으로 지구에서 영영 살아갈 수 없을지도 몰라요. 지구의 미래를 고민한다면 지속적인 환경 정책과 책임감 있는 기후 변화 대응이 절실해요. 미국의 사례에서 보건대 우리에게도 일관성 있는 기후 정책을 추진할 수 있는 정치인을 대통령 또는 국회의원으로 뽑을 의무가 있답니다.

✹ **녹색 성장** 청정에너지를 사용하여 환경 보전과 경제 발전을 함께 이루는 것.

5장
2100년의 지구는
어떤 모습일까?

## 교과서를 바꾼 기후 위기

제가 학교에 다닐 때 그랬듯이 여러분도 과학 시간에 지구의 대기에 대해서 배울 거예요. 지구의 대기는 대부분 질소와 산소로 이뤄져 있고 미량의 이산화탄소와 헬륨, 아르곤 같은 기체가 포함돼 있다고 말이죠. 이러한 공기의 성분은 지표면에서 고도 80km까지 올라가도 거의 일정한 비율로 유지되고 있어요.

반면 45억 년 전 과거에는 대기가 엄청난 양의 이산화탄소와 질소로 가득했어요. 지구가 탄생한 초기에는 지각이 불안정한 상태라 화산 폭발이 잦았고 소행성도 많이 충돌했어요. 기압으로 보면 이산화탄소의 양이 10기압에 가까울 정도예요. 현재 대기의 평균 기압이 1기압이니 10배 가깝게 두터운 이산화탄소 대기가 지구를 둘러싸고 있었죠. 온실효과 때문에 금성만큼 뜨겁게 끓었을 거예요.

시간이 흘러 지구에 엄청난 변화가 일어났어요. 이산화탄소가 점점 바닥으로 향하기 시작한 거예요. 지구에 바다가 만들어지면서 이산화탄소가 녹아들게 된 것이 발단이었지요. 또 녹색식물이 광합성을 통해 이산화탄소를 흡수했어요. 대신 대기 중으로 산소를 뿜어내면서 25억 년 전부터 산소의 비율이 쭉쭉 늘기 시작했지요. 덕분에 산소로 숨 쉬는 다양한 생물들이 폭발적으로 진화할 수 있게 되었어요.

저는 과학 교과서에서 지구 대기의 비율이 질소 78%, 산소 21%, 나머지 1%는 아르곤과 이산화탄소 등이라고 배웠어요. 당시 이산화탄소는 0.03%를 차지했는데 이는 300ppm을 의미합니다. 그런데 교과서에 실린 이산화탄소 농도가 0.035%(350ppm)로 늘었다가 최근 들어서는 0.04%(400ppm)로 바뀌었어요.

교과서가 바뀌다니 무슨 일이 일어난 걸까요? 화산이 폭발하거나 소행성이 지구에 충돌한 걸까요? 원인은 바로 온실가스를 펑펑 배출한 우리 인간이에요. 과거 하와이에서 처음으로 측정한 전 지구 이산화탄소 농도는 300ppm 수준이었지만 2015년 처음으로 400ppm을 넘었고 2019년에는 410ppm으로 올라섰어요. 과연 여러분이 배우게 될 교

과서에는 어떤 값이 실리게 될까요? 이렇게 계속 빠른 속도로 수치가 올라간다면 매년 새로운 대기 구성 요소를 외워야 할지도 몰라요.

너무 양이 적어서 중요해 보이지 않던 이산화탄소는 현재 지구의 기후를 송두리째 바꿔 놓았어요. 0.03%에서 0.04%로 단 0.01% 증가했지만, 그 변화가 여러분과 저 사이에 놓인 불과 20~30년이라는 짧은 시간에 일어났다는 점이 중요해요. 제가 학생일 때만 해도 이렇게 빨리 과학 교과서가 바뀔 거라고는 꿈도 꾸지 못했거든요.

제가 2000년대에 대학에 들어가서 대기과학을 전공할 때만 해도 기후 변화나 온난화 같은 말은 생소하게만 들렸어요. 그러나 지금은 어떤가요? 친근하다 못해 지겹고 식상한 말이 돼 버리지 않았나요? 기후가 피부로 느낄 정도로 빠르게 변해 온 거에요. 동시에 어떻게 기후 변화를 완화시키고 적응해 나갈지 서둘러 대책을 마련해야겠죠. 더 이상 망설일 시간이 없어요. 앞으로 과학 교과서는 몇 번이나 더 바뀌게 될까요? 이산화탄소의 비율이 0.04%를 넘어 0.05% 이상을 기록하는 날이 곧 찾아올지도 모릅니다.

# 기후 보고서 "기후 변화의 주범은 바로 우리!"

　기후에 관한 과학 분야가 발전한 것은 비교적 최근인 20세기 무렵이에요. 유엔이 '기후 변화에 관한 정부 간 협의체(IPCC)'를 설립한 것은 1988년이었어요. 기후 변화에 대한 과학적 근거를 찾고 정책의 방향을 제시하기 위한 목적이었지요. 1990년에 첫 번째 보고서가 나왔고 이후 5~6년마다 업데이트해 발표한답니다. 기후 변화를 이해하기 위해 처음 만들어진 국제기구인 만큼 전 세계의 저명한 과학자들이 보고서를 작성해요. 우리나라에서도 기상청과 국립기상과학원, 그리고 민간 학계에서 참여하고 있지요. 기후 변화는 어느 한 지역의 문제가 아니기 때문에 각 나라에서 취합한 자료들을 바탕으로 머리를 맞대고 의논하는 거예요.

　1990년 1차 보고서가 세상에 나온 지 2년 만에 '유엔 기후 변화 협약'이 채택됐어요. 인위적으로 기후를 교란시키는 위험을 막기 위해 온실가스 배출을 억제하자는 것이 목표였지요. 2차 보고서는 1995년에 발표됐고 이를 바탕으로 1997년 '교토 의정서'가 채택됐어요. 온실가스를 줄이자는 합의에 이어 처음으로 국제적인 감축 목표를 세웠다는 의미가 있었지요. 뒤이어 3차와 4차 보고서도 나왔는데, 특히 2007년 4차 보고서는 기후 변화의 심각성을 알린 공로로 노벨평화상을 받았어요. 2014년 5차 보고서 이후 2015년에는 파리 협약이 채택됐지요.

IPCC 보고서를 통해 전 세계가 기후 변화의 위험을 인지하고 곧이어 새로운 협약을 만들어가는 과정이 이어졌어요. 교토 의정서는 당시 개발도상국이던 우리나라와 중국, 인도에는 온실가스를 줄일 의무를 주지 않았지만, 파리 협약에서는 전 세계 모두가 기온 상승을 막기 위해 온 힘을 다하자고 결의했어요. 처음에 설정한 목표는 산업화 이전과 비교해 기온 상승을 2℃ 이하로 유지하자는 것이었지만 충분하지 않다는 의견이 많아서 결국 1.5℃ 이하로 억제하기 위해 노력한다는 내용이 추가됐지요.

물론 파리 협약 역시 완전하지는 않아요. 과거 미국과 캐나다가 교토 의정서를 탈퇴한 것과 마찬가지로 이번에도 미국이 변수였어요. 트럼프의 파리 협약 탈퇴 선언으로 온난화를 막기 위한 전 세계의 노력도 큰 타격을 입게 됐어요. 그러나 트럼프 정부가 영원한 것은 아니에요. 미국 국민들의 선택에 달려 있답니다.

교토 의정서와 달리 파리 협약에서는 각자의 배출량을 억제하는 것뿐만 아니라 배출량 사이에 어떻게 균형을 맞

COP21 · CMP11

# PARIS 2015
UN CLIMATE CHANGE CONFERENCE

출지 활발하게 논의했답니다. 영국, 프랑스 등과 같은 선진국과 중국, 인도 같은 신흥 개발국 사이의 온실가스 감축량을 어떻게 합리적으로 조정할지 고민하게 된 거예요. 서로의 탓만 하지 않고 한 걸음씩 양보하고 보완하기로 한 거예요. 기후 변화를 두고 완벽한 합의는 어렵지만 나날이 새로운 협상의 장을 열어 가고 있답니다.

## 매년 찾아오는 최악의 폭염

아주 오래전 대기 중에 가득 차 있던 이산화탄소를 흡수한 것은 바로 거대한 바다와 녹색식물이었어요. 그런데 이와 같은 녹색혁명은 훗날 다시 한 번 더 시작됐어요. 화석연료를 이용해 농업의 생산성이 크게 높아지면서 두 번째 녹색혁명이 일어났죠. 비료와 살충제가 등장하고 다양한 기계와 비닐하우스 농법이 개발된 덕분인데, 석탄이나 석유가 사용됐고 비료 자체에서도 강력한 온실가스인 이산화질소가 배출됐어요. 지구의 기온을 안정되게 해 준 첫 번째 녹색혁명과 달리 두 번째 녹색혁명은 인류를 배부르게 해 주었지만 기후 변화에 불을 지핀 거예요.

두 번째 녹색혁명 덕분에 빈곤에서 해방된 전 세계 인구는 1900년 16억 명에서 1950년 25억 5000만 명, 2000년에는 60억 명을 넘었지요. 2050년대에는 90억에서 100억 명으로 늘어날 전망이에요.

산업혁명과 화석연료 덕분에 인구가 이렇게 늘어나고 경제적인 풍요가 극에 이른 듯 보였지만 한 가지 난관이 찾아왔어요. 바로 기후 변화입니다. 역설적이게도 우리의 삶은 과거보다 더 기후 변화에 취약해지고 있어요. 인구가 집중돼 있는 도시와 각종 기반 시설들은 폭염과 가뭄, 홍수 같은 기상 이변에 더 민감하게 영향을 받기 때문이에요.

에어컨이 하루라도 없는 도시의 여름을 상상할 수 있을까요? 특정 지역에만 비가 쏟아지는 국지성 호우가 내리면 콘크리트로 덮인 도시는 금세 빗물이 차올라 물바다가 되고, 교통은 순식간에 마비되어 버려요. 경치 좋은 산이나 바다 가까이에 들어선 주택들은 폭우나 태풍에 의한 산사태와 해일의 피해를 고스란히 입게 되지요. 그 어느 시대보다 현대를 사는 우리는 기후 변화에 무력해진 상태입니다. 과거 조상들이 빙하기에 얼어붙은 바다를 건너며 생존했던 것과는 사뭇 다르지요.

잠시 안정됐던 기후는 최근 이산화탄소의 비율이 계속

높아지면서 불안정성이 최대로 증가했어요. 태양 에너지를 많이 받는 북극과 남극 같은 고위도 지역은 특히 온난화의 속도가 훨씬 빨라요. 지구의 열을 대부분 흡수하는 해양의 경우 대륙보다 기후 변화가 느려 보이지만 수온 상승과 해류의 변화가 해양생물의 멸종을 불러올 만큼 광범위하게 일어나고 있어요.

아직도 기후 변화로 인한 우리 삶의 변화가 크게 와 닿지 않을 수 있어요. 우리는 온대 지역에 살고 있고, 북극의 이누이트나 태평양의 섬 주민들처럼 절박한 상황은 아니니까요. 하지만 생각해 보면 남의 일은 아니랍니다.

'100년 빈도'의 기상 현상이라고 하면 통계적으로 100년에 한 번 일어날 수 있는 날씨를 의미해요. 그런데 우리는 100년 만의 폭우나 가뭄 같은 기상 이변 소식을 종종 들어요. 허리케인 '샌디'가 찾아왔던 2012년 뉴욕의 주지사는 "우리는 현재 2년마다 100년 빈도의 홍수를 겪고 있다"고 말하기도 했죠. 더 이상 100년 빈도가 아니라, 2년 빈도가 돼 버린 거예요.

우리가 매년 111년 만에 찾아온 최악의 폭염을 겪는다면 어떨까요? 열사병 같은 질병으로 사망자가 쏟아져 나오고, 이상 고온 현상으로 엄청난 산불이 곳곳에서 발생할 거예요. 아마도 우리 사회는 마비가 되겠죠.

기후 변화는 특히 홍수와 가뭄 같은 극단적인 기상 현상을 불러올 가능성이 커요. 가뭄이 심한 지역에 비가 더 많이 온다면 얼마나 좋을까요? 그러나 오히려 건조한 아프리카는 더욱 더 목말라지고, 비가 많이 오는 방글라데시는 폭우와 홍수가 더 심해질 전망이에요. 중국과 몽골의 사막지대는 나날이 더 건조해져 우리나라로 시도 때도 없이 모래먼지가 날아오게 될 거예요. 나름의 균형을 이루었던 기후가 극단을 오가게 되면서 앞으로 어떤 결과를 몰고 올지 점점 윤곽이 뚜렷해지고 있어요.

지금 이 순간 진행 중인 심각한 기후 변화를 보여 줄 IPCC 6차 보고서가 2022년에 발간될 예정이에요. 여기에는 어떤 내용들이 담길까요? 새로운 기후 변화 시나리오를 기상청이 미리 산출해 본 결과, 기존에 나온 5차 보고서보다 기온과 강수량의 증가폭이 클 것으로 보여요. 전 지구의 평균 기온은 21세기 말이면 1.9~5.2℃ 가량 올라가고, 강수량은 5~10%로 증가할 것으로 예측돼요.

기온 상승이 가장 큰 곳은 북극이에요. 육지의 2배인 6.1~13.1℃나 더 올라갈 것으로 예측됐어요. 바다 얼음의 면적은 지금과 비교할 수 없을 정도로 줄어 2050년쯤에는

완전히 사라지게 돼요. 북극에서 더 극적인 변화가 나타나는 이유는 대부분 얼음과 바다로 이뤄져 있어 온난화에 민감하기 때문인데요, 지구온난화로 녹아내리는 북극의 얼음을 생각하면 북극곰이 가장 먼저 떠오르지 않나요?

하지만 북극의 얼음은 북극곰뿐만 아니라 지구를 위해 아주 중요한 일을 하고 있어요. 북극을 뒤덮고 있는 하얀 얼음은 지구에 쏟아지는 햇빛을 반사시켜서 지구의 온도를 낮춰 주는 역할도 하고 있지요. 하얀색은 빛을 반사하고 검은색은 빛을 흡수하거든요. 그런데 북극의 얼음이 녹아서 검푸른 바다가 그대로 드러나면 햇볕을 더 흡수해 수온이 올라가고 얼음이 점점 더 많이 사라지게 돼요. 바다가 나무나 흙 등 다양한 식생으로 덮여 있는 육지와 다른 점이죠.

북극의 얼음이 녹으면 한반도 역시 기후 변화를 피해 갈 수 없어요. 바다와 육지의 영향을 모두 받는 우리나라는 홍수와 가뭄, 폭염과 한파, 심지어는 해수면 상승까지 모든 피해를 입을 수 있어요. 앞서 살펴봤듯이 지구의 대기 순환에 큰 영향을 미치는 북극의 온난화는 우리나라의 폭염과 한파, 그리고 미세먼지까지 밀접하게 영향을 주고 있기 때문이에요. 분명한 점은 앞으로의 기후가 과거 기후 최적기로 불린 '홀로세'처럼 우리에게 우호적이지는 않을 거라는 거예요. 과연 2100년의 우리나라는 그리고 우리 지구는 어떤 모습일까요?

## 세계지도가 바뀔 수도 있다고?

혹시 '기후 난민'이라는 말을 들어 본 적 있나요? 기후 변화로 인해 살던 곳을 잃은 사람들을 일컫는 말이에요. 기후 때문에 사라질 위기에 처한 나라들이 있거든요. 극지방의 빙하와 히말라야 같은 고산지대의 만년설이 녹으면서 전 지구 해수면은 빠르게 높아지고 있어요. 1993년 이후에는 매년 3.2mm씩 올라가는 중이지요. 10년이면 3.2cm, 20년이면 6.4cm로 엄청난 속도랍니다. 특히 얼음이 녹은 물이 온난화로 뜨거워지면서 밀도가 낮아져 부피가 팽창하는 효과까지 더해지고 있어요. 전 세계를 뒤덮은 바다의 높이가 저렇게 올라가는 건 굉장히 큰 변화예요.

인도양이나 태평양의 섬나라들은 이미 눈에 보이는 위협에 직면했어요. 하와이에서 남쪽으로 1,600km 떨어져 있는 태평양의 키리바시는 여러 개의 산호섬으로 이뤄진 섬나라예요. 해수면이 높아지면서 생존이 어려워지자 정부는 최악의 상황에서 대피하기 위해 근처 피지 섬의 땅을 사 두기도 했어요. 남태평양의 작은 섬나라 투발루도 마찬가지랍니다. 한때 호주와 하와이 사이의 평화로운 섬나라였지만 해수면 상승으로 생존의 위기에 처한 주민들은 미국과 호주, 뉴질랜드 등지로 뿔뿔이 떠나고 있어요. 이러한 기후 난민은 지속적으로 늘고 있기 때문에 전 세계적인 문제가 될 전망이에요.

"우리는 꼼짝도 할 수 없는 상황이다. 그리고 우리는 기후 변화에 대해 굉장히 우려하고 있으며 이미 고통을 받고 있다. 이는 대량 살상 무기와 같은데 모든 피해 상황이 현지에서 일어나고 있다."

2014년 투발루의 수상이었던 에넬 소포아가는 그들이 처한 상황을 이렇게 말했어요. 기후 변화로 인한 고통은 대량 살상 무기와 같다고 거듭 강조했지요. 해일과 홍수로 많은 사람들이 죽고 기후 난민으로 떠돌게 돼도 반갑게 맞아 주는 곳이 많지 않은 게 현실이거든요.

인도양의 몰디브는 신혼여행지로도 유명한데요, 한때 몰디브가 곧 물속에 가라앉게 되니 그 전에 가 봐야 한다는 얘기가 떠돌면서 수많은 사람들이 몰리기도 했어요. 몰디브 역시 섬나라로 가장 높은 곳의 해발고도가 2.4미터에 불과해요. 기후 변화로 50년 안에 몰디브는 사라질 거라는 예측이 나오고 있어요. 이미 지진으로 인한 해일로 침수 피해가 커지고 있고, 학교나 병원은 물론 리조트도 심각하게 파손되면서 국가 경제는 마비 상태를 겪고 있어요.

2013년 발표된 IPCC 보고서에 따르면 온실가스가 지금처럼 배출될 경우 2100년 지구의 평균 바닷물 높이는 지금보다 60~98㎝ 더 상승할 수 있어요. 특히 남극과 그린란드의 빙하가 예상보다 더 많이 녹으면서 앞으로 나올 6차 보고서에서는 해수면 상승이 훨씬 더 심각한 수준일 것으로 보여요. 해수면이 1미터만 올라가도 태평양과 인도양의 섬나라들은 대부분 지도에서 사라지게 돼요.

문제는 태평양과 인도양의 섬에 사는 인구가 전 세계 인구로 봤을 때 극히 일부라는 점이에요. 그들은 이산화탄소 배출이나 인위적인 기후 변화에 조금도 기여하지 않았지만 대량 살상 무기와 맞먹는 피해를 입고 있어요. 동시에 온실가스를 줄이라고 선진국들에게 강력하게 촉구할 수도 없는 상황이지요. 소수의 작은 목소리는 묻혀 버리기 쉽고 미국 같은 강대국은 책임이 없다고 오리발을 내밀고 있으니까요.

# HELP! TUVALU! 투발루를 구해줘!

그러나 해수면 상승은 비단 작은 섬나라들을 넘어 전 세계적인 문제로 떠오르고 있어요. 세계 인구의 40% 이상이 해안 지역에 살고 있기 때문이에요. 2100년에는 뉴욕과 런던, 상하이, 시드니 등 해안과 가까운 도시들이 모두 물에 잠길 수 있어요. 우리나라도 여의도의 33배에 달하는 면적이 물에 잠겨 사라지게 되죠. 해안 도시인 부산에서는 해수욕장과 주요 항만, 산업공단이 침수되고, 해수면이 올라간 상황에서 해일이 발생할 경우 어마어마한 피해를 입을 수 있어요. 멀리 떨어진 키리바시나 투발루, 몰디브만의 문제가 아니죠.

부산에 사는 여러분, 또는 여러분의 친척이 기후 변화로 집을 잃고 기후 난민이 되어 갑자기 내몰리게 된다면 어떨까요? 키리바시보다 먼 미래라고 해도 언젠가 내 일이 될 수 있다는 공감의식을 느낀다면 기후 변화를 더 이상 먼 나라의 이야기라고 느끼지 않게 될 거예요. 게다가 기후 변화의 시계는 점점 더 빨리 흘러가고 있잖아요?

# 뜨거워진 바다, 산성화된 바다

온실효과로 발생한 많은 에너지는 바다에 흡수돼 왔어요. 그 결과 바다의 온도는 10년마다 0.11℃씩 높아졌고 1970년대 들어 이미 수온 상승폭이 0.5℃에 달했지요. 바다가 품고 있는 열에너지는 전 세계 인류가 1년 동안 사용할 수 있는 에너지의 약 6배나 돼요. 바다에 이토록 많은 열이 축적돼 있는데 그 안에 사는 생물들은 과연 멀쩡할까요? 우리 눈에 보이지 않을 뿐 온난화로 인한 바다의 환경 파괴 속도가 더욱 빨라지고 있답니다.

미국 알래스카 부근 바다는 너무 따뜻해져서 남쪽에 살던 가다랑어 같은 물고기들이 올라오고 있어요. 수온 변화에 민감한 대구는 아예 찾아보기 힘들어졌지요. 마치 따뜻해진 우리나라 앞바다에서 찬 바다에 나타나는 어종인 명태가 사라진 것처럼 말이에요.

호주의 동쪽 해안에 위치한 그레이트 배리어 리프는 산호로 유명한 지역이에요. 스킨스쿠버라면 누구나 한 번쯤은 가 보고 싶은 장소로 꼽히는데요, 바다가 뜨거워지면서 산호초 표면에 달라붙어 공생하는 조류가 죽고 마치 탈색한 것처럼 하얗게 변해 버렸어요. 이러한 '백화현상'은 호주

뿐만 아니라 인도네시아와 필리핀 등 세계적으로 유명한 산호초 군락으로 퍼져 나갔어요. 산호초의 죽음은 단지 산호초만의 죽음을 의미하지 않아요. 전체 해양생물의 4분의 1가량이 산호초를 터전으로 살아가기 때문에 바다 생태계 전체의 위기를 의미하지요.

여러분은 산성비에 대해 들어 봤나요? 공장에서 나온 대기 오염 물질인 황산화물이나 질소산화물이 비에 섞여 산성을 띠는 유독한 성분으로 변한 건데요, 한때 "비를 맞으면 대머리가 된다"는 속설까지 생길 정도로 심각했어요. 산성비를 맞은 농작물은 죽어 버리고, 대리석 건물이나 동상은 부글부글 녹아서 흉측하게 변했지요. 1950년대 유럽에서는 산성비로 숲이 사라지고 호수의 물고기가 떼죽음을 당하는 등 피해가 심각했어요. 1979년에는 국경을 넘어 이동하는 산성비 유발 물질을 막기 위해 공동 협약을 맺기도 했지요. 이러한 노력의 결과로 지금은 많이 나아졌어요.

그런데 최근 온실가스가 많이 배출되면서 오히려 해양의 산성화는 나날이 심각해지고 있어요. 이산화탄소가 바다에 점점 더 많이 녹으면서 산성 성분인 '탄산'을 만들어 냈기 때문이에요.

2010년 유엔환경계획에서 전 지구 바다의 평균 수소이

온 농도(pH)가 1750년 pH8.2에서 2000년대 pH8.1로 낮아졌다고 발표했어요. 대기 중의 이산화탄소는 점점 증가했고 동시에 바닷물의 이산화탄소 농도가 짙어져 산성화가 심해졌어요. 수소이온의 농도가 낮을수록 산성, 높을수록 염기성을 의미해요. 0부터 14의 수치 중 중성인 pH7을 기준으로 7보다 클수록 강한 염기성, 낮을수록 강한 산성을 의미해요. 우리 몸의 위액은 강한 산성을 띠는 염산이 주성분으로 농도는 pH2 정도로 낮아요. 상상만 해도 혀에 신맛이 느껴지는 레몬즙과 비슷한 수준이지요. 순수한 물은 pH7로 중성이고, 고약한 화장실 냄새의 주성분인 암모니아는 pH11이나 되는 강한 염기성이에요. 바닷물에는 염기성 이온이 많이 녹아 있어 보통 pH8 정도의 약한 염기성을 나타내요.

그런데 최근 산성화되는 경향이 뚜렷하고 수심이 깊은 곳으로 갈수록 pH7.5 이하로 떨어지는 현상들이 발견되고 있어요. 바닷물이 레몬처럼 시큼해진 것도 아닌데 호들갑이라고 할 수도 있지만 과거 역사를 되돌아봐도 이렇게 빠른 속도로 해양이 산성화된 적은 없답니다.

수온이 올라간 것뿐만 아니라 산성으로 변한 바다에서 산호초는 더욱 빠른 속도로 사라지고 있어요. 조개나 게처

알래스카에서

응? 가다랑어?
네가 왜 여기서 나와?

따듯해서
살 만하더라고요.

산호초에서

이럴 수가!
그 많던 산호가
다 죽었어!

그리고 바다 곳곳에서

안녕~

이산화탄소 + 반가워!
물

육지

탄산
산성화

살 수가 없어!
살 수가…

내 껍데기 다 녹는다!
인간들아!!

럼 단단한 껍데기를 가진 생물들은 껍데기가 흐물흐물해지는 피해를 입고 있어요. 산성비가 대리석을 녹이고 철을 부식시키듯 산성화된 바다가 산호와 어패류를 녹여 버리는 거예요. 물고기의 뼈도 약해지거나 아예 기형으로 변하는 일이 잦아지고 있답니다.

인간의 탐욕으로 산업혁명 이후 엄청나게 배출된 이산화탄소가 이제는 대기의 농도를 높이는 것도 모자라 깊은 바닷속까지 피해를 주고 있어요. 21세기 말에는 지금보다 수소이온의 농도가 0.2~0.4 정도 더 내려갈 것으로 예측되고 있어요. 바다의 산성화로 인해 우리의 식탁에서 생선과 조개, 굴 같은 해산물이 사라지는 것은 물론 머지않아 더 큰 부메랑이 되어 인류에게 돌아오지 않을까요?

## 해류가 멈추면 무슨 일이 생길까?

점점 뜨거워지고 있는 바다는 더욱 강한 경고를 품고 있기도 해요. 열이 조금만 나도 온몸의 면역 체계가 휘청거리는 것처럼 바다의 수온이 오르면 바닷물의 순환인 해류에도 큰 이상이 생긴답니다. 지구에서 가장 중요한 해류는

'대양 대순환'이에요. 북유럽의 노르웨이에서 차가운 바닷물이 가라앉아 전 지구를 한 바퀴 돌고 다시 뜨거워진 뒤 미국 멕시코 만으로 돌아오는 거대한 해류의 흐름이랍니다.

노르웨이는 북극과 가까운 추운 지역이에요. 바닷물이 얼어붙으면 물 성분만 얼음이 되는데요, 소금 성분은 물 속에 남아서 바닷물의 염분을 높이는데, 짠 바닷물은 싱거운 바닷물보다 무거워서 바다 속 깊이 가라앉아요. 수심 4,000m의 심해로 내려간 해류는 무려 5,000㎞가 넘는 거리를 이동해 지구를 한 바퀴 돌고 2000년 만에 제자리로

돌아오게 돼요. 쉬지 않고 전 세계를 왕복하는 대양 대순환은 뜨거운 열대 바다를 식혀 주고 추운 바다를 덥혀 주는 보일러 역할을 해 왔어요. 지구의 열과 염분을 옮긴다고 해서 '열염 순환'이라고 부르기도 한답니다.

그런데 대양 대순환의 속도가 과거보다 15% 느려졌다는 연구 결과가 나왔어요. 독일 포츠담 기후영향연구소는 해류의 흐름이 앞으로 더욱 느려지면서 북쪽으로 전달되는 열이 줄어들고, 그 결과 대서양은 점점 차갑게 변할 것이라고 내다봤어요. 반면 대서양의 반대편에 접한 미국은 오히려 난류의 영향이 커지면서 더 따뜻해질 전망이에요. 이렇게 되면 두 지역의 수온 차이가 커져서 멕시코 만 부근에서 더 강한 허리케인이 발생할 수 있지요.

해류가 약해진 원인은 바로 온난화예요. 북극의 얼음이 과거보다 많이 녹으면서 바닷물이 싱겁게 변했기 때문이에요. 앞서 바닷물이 얼어붙으면 소금 성분만 남아 바닷물 속으로 가라앉는다고 했잖아요? 그런데 북극 바다의 소금기가 줄면서 소금물이 바다 깊숙이 가라앉지 못하게 된 거예요. 대양 대순환의 시작인 북극에서부터 온난화로 삐걱대게 된 거죠.

연구팀은 온난화를 빨리 멈추지 않는다면 해류의 순환

이 장기적으로 더욱 느려질 것이라며 과거에 겪어 보지 않았던 무시무시한 결과를 불러올 수 있다고 경고했어요. 영국이나 프랑스 같은 유럽 국가들은 차가워진 바다의 영향으로 꽁꽁 얼어붙고, 미국 플로리다와 뉴욕 같은 도시는 강력한 허리케인과 해수면 상승에 시달리게 될 거예요.

이러한 예상이 힘을 얻는 이유는 과거의 사례를 통해 알 수 있어요. 소빙하기가 찾아오기 전에도 북극의 얼음이 많이 녹으면서 대양 대순환이 멈췄다는 사실이 새롭게 밝혀졌거든요. 온난화가 빙하기를 다시 불러올 거라는 걱정은 2004년 개봉했던 영화 〈투모로우〉에 잘 묘사돼 있어요. 빙하가 녹아 해류가 멈춰 버리고 결국 지구가 얼음으로 덮인다는 설정인데요, 온난화로 토네이도나 우박 같은 기상 이변이 발생해 지구촌을 뒤흔들지요. 비록 영화적인 설정이긴 하지만 기후 변화와 대양 대순환에 대한 대중들의 관심을 끌기에 충분했답니다. 여러분도 기회가 된다면 한번 관람해 보는 것도 좋을 것 같아요. 지구온난화 문제가 더욱 심각해진다면 영화 속에 등장했던 재난 현장을 현실에서 마주하게 될지도 몰라요.

도널드 트럼프 미국 대통령은 SNS를 정치적으로 애용하는 것으로 유명해요. 어느 날은 "무자비하고 긴 한파가 몰아친다. 지구온난화는 어떻게 된 거냐"는 조롱 섞인 내용을 올렸어요. 당시 미국에 기록적인 추위가 찾아왔거든요. 그러자 트럼프 대통령이 날씨와 기후의 개념 자체를 모르고 있다는 비판이 쏟아졌어요. 학자들은 당시 미국의 기록적 한파는 지구온난화가 가져온 이상 기후라고 입을 모았지요.

그러나 이런 식의 오해는 종종 발생해요. 지구온난화라는 말 자체가 매일매일 그 전날보다 더 따뜻해질 거라는 인상을 주기 때문이에요. 특히 폭설이나 한파가 올 때면 '온난화가 과연 사실일까?'라는 의문이 생길 수도 있어요. 실제로 2010년을 전후로 북극 한파가 심해지자 지구가 '미니 빙하기'에 접어들고 있다는 주장이 나오기도 했죠. 기후 변화 회의론자들은 이산화탄소 농도가 증가하고 있지만 최근 기온 상승 속도가 느려졌다고 주장하고 있어요. 아예 온난화 자체가 허구라면서 기후 변화에 대한 국제 협약이나 규제를 반대하기도 해요.

하지만 이산화탄소가 바다에 녹아들면서 대기가 상대적으로 천천히 데워졌고 이제 바다도 더 이상 이산화탄소가 녹을 수 없는 배부른 상태가 되

 Dona·· J. Tru·· ✓
@··············

45th President of the United States of America

📍 Washington, DC

·· 팔로잉    ··,···,··· 팔로워

트윗    트윗 및 답글    미디어    마음에 들어요

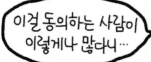 Dona·· J. Tru·· ✓ @··········· ········ ∨
무자비하고 긴 한파가 기록을 갈아 치울 수 있다. 지구 온난화는 어떻게 된 거냐!
↩ ··.·k  ⇄ ··.·k  ♥ ··.·k  ✉

지구 온난화 때문에 혹독한 한파가 몰려온 거라고!

이걸 동의하는 사람이 이렇게나 많다니…

어, 곧 최악의 결말이 올 거라는 기후 변화 책임론이 힘을 얻고 있어요.

역사상 가장 더운 해들은 2000년 이후에 집중돼 있고, 2010년 이후에는 거의 매년 전 지구의 평균 기온이 최고 기록을 세우고 있는 이유는 무엇일까요? 기후 변화 회의론자들에게 묻고 싶지 않나요?

지금은 압도적으로 많은 과학자들이 인간이 기후 변화의 주범이라는 사실에 동의하고 있어요. 그런데 대중의 마음은 어떨까요? 최근 여론조사에 따르면 기후 변화가 인간 활동의 결과인지 묻는 질문에 미국인들은 겨우 54%만 그렇다고 대답했어요. '기후 변화가 사람들에게 피해를 주고 있는가?'라는 질문에도 41%만 동의했지요. 미국은 중국과 함께 온실가스를 가장 많이 배출하는 국가인데도 기후 변화를 남의 일처럼 여기는 듯 보여요.

미국 정부가 조사한 〈국가 기후 변화 보고서〉에 따르면 온실가스 배출을 획기적으로 줄이지 않으면 2100년에는 지금보다 미국의 평균 기온이 4.2℃ 더 올라갈 것으로 나타났어요. 폭염과 한파로 자신의 수명보다 일찍 사망하는 조기 사망자가 9,000명가량 늘고 해마다 엄청난 산불과 식량 부족에 시달릴 거예요. 미국은 파리 협약에서 탈퇴할 것이 아니라 가장 적극적으로 참여해야 하지 않을까요? 여러분은 어떻게 생각하나요?

# 6장
## 지구를 위해
## 내가 할 수 있는 일은
## 뭘까?

## 기후 변화, 조금 미룬다고 크게 달라질까?

　방송국에서 기상 전문 기자로 일하면서 날씨와 기후 변화에 대한 사람들의 여러 가지 반응을 느낄 수 있었어요. 폭염이나 한파, 가뭄 같은 기상 이변은 피부에 직접 와 닿는 현상이에요. 뉴스에서도 무게 있게 다뤄지고 시청자의 반응도 폭발적이에요. 기후 변화는 어떨까요? 한반도의 기후가 아열대로 변하면서 바나나를 재배한다거나, 한겨울에 개나리가 활짝 폈다거나, 맹독성 열대 해파리가 늘어났다는 뉴스라면 관심이 크지요.

　그런데 100년 뒤에 지구의 평균 기온이 얼마나 올라가고, 해수면이 매년 수 밀리미터씩 상승한다는 뉴스는 어떨까요? 내가 살아 있을지 확실하지도 않은 상황에서 당연히 관심은 시들해요. 먼 미래에 대한 걱정은 우선순위가 낮아질 수밖에 없어요. 인간은 자신의 생명을 즉각적으로 위협하는 위험에 더 잘 대응하도록 설계돼 있기 때문이에요.

예를 들어 볼게요. 여러분이 생각하기에 독사에 물리는 것과 운전을 하는 것 중 어느 쪽이 더 위험해 보이나요? 언뜻 생각하기에 독사에 물리는 것이 더 위험해 보일 수 있지만, 우리는 평생 독사를 한 번도 만나지 못하고 죽을 확률이 더 높아요. 반면 서울에서만 매년 300명 정도의 사람들이 교통사고로 죽고, 전국으로 보면 3,000명 넘게 목숨을 잃지요.

그러나 우리 몸은 먼 미래에 다가올 불확실한 위험보다는 눈앞의 독사에 더 민첩하게 피할 수 있도록 진화했어요. 여기에 미래에 닥칠 불행을 알면서도 현재의 고통을 더 절박하게 느끼는 '시간 선호(Time Preference)'라는 심리까지 더해지지요. 머리로는 기후 변화의 위험성을 알고 있지만 지금 당장 먹고사는 것에 더 절박함을 느끼는 거예요.

기후 변화를 외면하게 되는 결정적인 이유는 또 있어요. 바로 경제적인 이기심 때문이에요. 화석연료를 통해 인류는 과거에 존재하지 않았던 풍요를 누리고 있어요. 석유, 석탄과 같은 자원으로 에너지를 만들어 내는 미국과 중국, 러시아, 호주, 사우디아라비아, 브라질 등의 기업들은 여전히 전 세계 매출액 순위에서 상위를 차지하고 있지요.

만약 세계 경제가 화석연료에서 완전히 벗어난다면 이러한 기업과 국가들은 막대한 손해를 보게 되겠죠? 당연히 기후 변화를 늦춰야 한다는 것은 알지만, 경제적 손해를 생각하면 주저할 수밖에 없어요. 환경 선진국으로 알려진 북유럽 국가들도 화석연료 산업을 한순간에 포기하는 일은 쉽지 않아요. 북극권의 노르웨이는 최근까지도 북극에서 석유 탐사를 계속하고 있답니다.

 온난화가 거짓이라고 주장한 도널드 트럼프가 미국 대통령에 당선된 것도 어쩌면 이러한 현실을 보여 주는 결과예요. 어려워지는 경제 상황에서 머나먼 기후 변화에 대한 공약보다는 이번 달의 월급을 지켜 줄 후보가 필요했을지도 모르죠. 특히 석유 에너지로 달리는 자동차 산업이 발달한 미국에서 갑자기 전기 자동차나 수소 자동차를 도입한다면 엄청난 투자 비용이 들겠지요.

 심리학자들은 기후 변화에 대한 대응이 자꾸 미뤄지는 것은 단순히 과학적인 발견을 부정하는 데 있지 않다고 보고 있어요. 인간이 기후 변화를 일으킨다는 인식은 이제 대중적으로 퍼져 나갔고, 어떤 위험이 닥칠지에 대해서도 충분히 이해하고 있어요. 그러나 기후 변화로 인한 위험을 인지하고 있다는 것이 기후 변화를 막기 위한 모든 행동에

동의한다는 뜻은 아니에요. 그래서 기후 변화 이슈는 선거에서도 별로 주목을 받지 못해요. 달콤한 공약 대신 유권자들이 반기지 않는 정책을 들고 나올 후보는 아무도 없을 테니까요. 하지만 기후 위기는 먼 미래에 다가올 재난이 아닌 우리가 현재 겪고 있는 현실입니다. 우리가 마주한 현실을 외면하지 않고 모두를 위해 옳은 선택을 할 필요가 있어요.

## 에어컨과 자동차, 포기할 수 있을까?

여러분은 탄소 발자국이라는 말을 들어 봤나요? 우리가 먹고, 마시고, 이동하며 살아가는 과정에서 배출되는 이산화탄소의 양을 의미해요. 생활 속에서 배출된 이산화탄소는 오랜 세월 사라지지 않고 지구에 발자국을 남겨요. 마트에서 파는 식품이나 전자제품에도 탄소 발자국이 표시돼 있는데요, 환경 단체들은 가까운 곳에서 생산된 포도가 먼 칠레에서 수입된 포도보다 탄소 발자국이 적다며 '로컬 푸드'를 먹자는 운동을 펼치기도 했어요.

도시에 사는 사람과 농촌에 사는 사람 가운데 누가 더

탄소 발자국을 많이 남길까요? 여름에 서울에서는 에어컨 없이 견디기 힘든데, 시골에 계신 저희 부모님은 구식 선풍기로도 잘 지내셔서 가끔 놀라곤 해요. 도시의 대중교통이나 전기 이용량은 농촌에 비해 훨씬 많아요. 탄소 발자국이 어마어마하게 커질 수밖에 없는데, 빠르게 성장하는 도시에서 특히 더 심하죠.

1980년대만 해도 중국의 냉장고 보유 대수는 400만 대에 불과했지만 2000년대에 들어서면서 필수 가전제품이 되었어요. 현재 중국의 인구가 14억 명이 넘는 것을 생각해 보면 냉장고 수가 거의 100배 가까이 늘었을 거라고 짐작해 볼 수 있어요. 에어컨도 마찬가지로 중국 도시 지역 주택의 에어컨 보유 비율은 1995년 8%에서 2004년 70%로 급증했지요.

폭염으로 유명한 인도 역시 도시를 중심으로 매년 에어컨 판매가 20%씩 증가하고 있어요. 우리도 마찬가지일 거예요. 서울에는 전체 인구의 5분의 1이 모여 있고, 전 세계적으로 봐도 인구의 절반 이상은 도시에 살아요.

여러분은 자동차가 없는 도시 생활을 상상할 수 있나요? 미세먼지를 줄이기 위해 가끔씩 자동차 2부제만 시행해도 불편함을 느끼는 사람들이 많아요. 또 하루라도 정전이 돼서 모든 가전제품을 사용할 수 없게 된다면 어떨까요?

도시에 사는 현대인은 말 그대로 에너지 중독 상태에 빠져서 살아가고 있어요. 농촌에 있는 사람들은 비교적 에너지를 덜 쓰고 있지만, 저 멀리 아프리카와 비교하면 더욱 더 많은 에너지를 소비하며 온실가스를 배출하고 있지요. 그 결과 기후가 변하고 온난화로 인한 피해가 전 세계를 휩쓸고 있어요. 도시에 살고 있는 우리의 책임이 무겁다고 인정하고 이제는 지나치게 편리한 생활에 대한 부끄러움을 느껴야 하지 않을까요? 조금 불편해도 지구의 환경을 위한 삶을 지향해야 할 때가 아닌가 싶어요.

이산화탄소를 비롯한 온실가스 배출량을 줄이기 위해 일상에서 우리가 할 수 있는 일은 어떤 것들이 있을까요? 단순해 보이지만 집에서 실내 온도만 적정하게 유지해도 많은 양의 온실가스를 줄일 수 있어요. 난방 온도를 1℃만 낮추면 가구당 1년에 무려 231㎏의 이산화탄소를 줄일 수 있죠. 여름철에는 냉방 온도를 26~28℃로, 겨울철에는 난방 온도를 20℃ 이하로 설정하는 게 좋아요. 여름철엔 통풍이 잘되는 시원한 소재의 옷으로 더위를, 겨울철엔 따뜻한 내복을 입어 추위를 이겨내는 것도 좋은 방법이에요.

당장 오늘부터는 승용차 대신 대중교통을 이용해 봐요.

BMW 건강법을 알고 있나요? 버스(Bus), 지하철(Metro), 걷기(Work)를 통해 온실가스를 덜 배출하고, 동시에 내 몸에는 건강을 선물할 수 있지요.

전자제품을 사용하는 습관도 중요해요. 텔레비전이나 컴퓨터, 전등을 사용하지 않을 때는 반드시 플러그를 빼 두면 전기를 아낄 수 있어요.

쓰레기 줄이기도 생활에서 쉽게 실천할 수 있어요. 일회용 컵 대신 개인 컵을 가지고 다니거나, 비닐봉지 대신 장바구니 사용을 습관화하면 지구를 살리는 데 큰 도움이 될 수 있어요. 가능하다면 재활용품을 적극적으로 사용하는 것도 좋아요. 요즘은 내가 쓰던 물건을 기부하고 또 남들이 기부한 물건을 저렴하게 살 수 있는 가게들도 많이 생겨나고 있답니다.

물을 아껴 쓰는 것도 중요해요. 물이랑 기후 변화가 무슨 상관이냐고요? 수돗물 1,000리터를 만드는 과정에서 0.16kg의 이산화탄소가 발생하거든요. 우리나라에서 한 사람이 하루 평균 사용하는 물의 양은 346리터 정도인데요, 4인 가족을 기준으로 하면 1,384리터나 돼요. 그렇다면 4인 가족은 하루 0.22kg의 이산화탄소를 배출하고 있는 건데, 1년으로 보면 무려 80.3kg에 이르지요. 가족 구성원 모

# 이산화탄소를 줄이기 위한 우리의 일상

두가 샤워 시간을 1분만 줄여도 이산화탄소 배출은 크게 줄어들 수 있답니다.


## 과학 기술로 기후를 조종할 수 있을까?

지구온난화를 늦추기 위해서는 가장 큰 원인인 온실가스를 줄여야 해요. 에너지를 덜 쓰고 조금이라도 더 환경 친화적인 방법으로 전기를 생산하는 것이 근본적인 대책일 거예요. 그러나 전 세계가 제각각 목소리를 내고 있는 사이에 이산화탄소 농도는 해마다 높아지고 있지요.

일부 과학자들은 대기 중에 이미 배출된 이산화탄소를 없애는 다양한 방법을 개발하고 있어요. 이러한 연구 분야를 '지구공학'이라고 불러요. 1995년 노벨화학상을 수상한 폴 크루첸 박사가 대표 주자예요. 2006년 크루첸 박사는 대기권*에 미세한 입자를 뿌려 태양빛을 반사시킴으로써 지구를 식힐 수 있다는 논문을 발표했어요. 권위 있는 노벨상 수상자인 만큼 엄청난 관심이 집중됐답니다.

**★ 대기권** 지구를 둘러싸고 있는 약 1,000㎞ 두께의 공기층.

실제로 1991년 필리핀의 피나투보 화산이 폭발하면서 엄

★ **대류권** 대기권의 가장 아래층에 위치한 약 10㎞ 두께의 공기층으로 기상현상이 발생한다.

★ **성층권** 대류권 위에 위치한 40㎞ 두께의 공기층으로 기상현상이 거의 발생하지 않는다.

청난 양의 화산재가 공기로 퍼져 나갔어요. 대류권*을 넘어 성층권*까지 올라간 하얀 재는 태양빛을 반사시켰고 1993년 여름은 전 지구적으로 이상 저온 현상을 기록했답니다. 그렇다면 대기 중으로 화산재와 비슷한 성분을 만들어 뿌리면 기온을 떨어뜨릴 수 있지 않을까요? 굳이 힘들게 온실가스를 줄이는 것보다 쉬운 방법처럼 보여요.

대기 중의 이산화탄소를 인공적으로 땅이나 바다 밑에 저장하는 기술도 발전하고 있어요. 이산화탄소를 탄산칼슘 성분의 딱딱한 광물인 방해석으로 만드는 연구도 성공했지요. 기체인 이산화탄소를 고체인 돌로 바꾸다니 정말 연금술사가 따로 없지요?

온실가스를 줄이기 위한 지구공학은 수많은 과학자들이 참여하고 있는 만큼 주목받는 분야인데요, 여러분도 충분히 아이디어를 낼 수 있어요. 햇빛을 반사하는 구름을 두껍게 만든다거나, 바다에 플랑크톤을 늘려서 이산화탄소를 흡수하는 광합성 능력을 키운다거나, 육지에 나무를 엄청나게 많이 심는다거나, 거대한 양산을 지구에 씌운다거나 말이죠. 황당해 보여도 모두 대안이 될 수 있어요. 이산화탄소만 흡수하는 미생물이나 거대한 이산화탄소 청정기가 개발될 수도 있지요.

기후 변화를 멈추기 위한 방법을 떠올릴 때는 미세먼지를 함께 생각하면 이해하기 쉬워요. 미세먼지를 줄이기 위한 가장 근본적인 해답은 미세먼지를 많이 배출하지 않는 거예요. 자동차 이용과 공장, 발전소를 줄이고 환경 친화적인 에너지를 사용하는 길 말이지요. 기후 변화의 해답과 다르지 않죠?

그러나 미세먼지로 인한 국민들의 원성이 높아지자 정부에서는 인공강우에, 미세먼지 흡수 페인트와 아스팔트, 대형 공기 청정 타워 같은 대안을 발표했어요. 이런 지구공학 기술을 통한 미세먼지 감소 계획은 매력적으로 보일 수 있어요. 그러나 인공강우는 미세먼지 감소에 대한 효과가 거의 없고, 미세먼지 페인트와 아스팔트도 미세먼지 감소 효과는 물론 안정성도 입증되지 않았어요.

기후 변화를 막기 위한 대책들도 미세먼지와 마찬가지예요. 실현 가능할지 증명되지 않았고 기후를 인위적으로 조절하려 하다가 더 큰 부작용이 생길 수 있다는 목소리도 높아요. 바다의 이산화탄소 흡수율을 높이기 위해 해양 플랑크톤을 번식시켰다가 녹조 현상이 발생해 생태계를 무너뜨릴 수 있어요. 지구에 거대한 구름을 만들어 햇빛을 반사시킨다 해도 구름에서 벗어나 있는 어떤 지역은 펄펄 끓는 불가마로 변할 수도 있지요.

크루첸 박사 역시 지구공학 기술이 화석연료를 펑펑 써도 된다는 면죄부를 주는 것은 아니라고 경고했어요. 온난화가 진짜 재앙 수준에 달했을 때 쓸 수 있는 최후의 수단으로 이러한 방법들을 마련해 두자는 거예요. 특히 햇빛을 인위적으로 반사시켜 지구의 기온을 내릴 경우 생태계나 농작물에 어떤 영향을 줄지에 대한 불확실성이 매우 커요. 특정 생물의 종이 사라지거나 식량 부족과 굶주림이라는 예상치 못한 결과를 불러올 수도 있어요.

만약 지구공학이 엄청나게 발전한다고 해도 지구의 적정 기온을 어느 수준으로 결정할지가 문제예요. 집에서 보일러나 에어컨의 온도를 설정할 때도 아빠와 엄마의 의견이 부딪칠 때가 많잖아요. 마찬가지로 적도의 더운 나라들은 더 시원하게, 극지의 추운 나라들은 더 따뜻하게 지구의 기온을 조정해 달라고 아우성일 거예요.

크루첸 박사의 말처럼 지구공학은 나중에 더 큰 불을 끄기 위한 소화기 정도로 준비해 두고 지금은 온실가스 자체를 줄이려는 노력에 더 힘을 실어야 하지 않을까요? 그럼에도 불구하고 기후 변화 회의론자들은 미래에 지구공학 기술이 더 발전하면서 기후 변화에 충분히 적응할 수 있을 거라며 지구온난화에 대한 환경 정책에 브레이크를 거는 수단으로 이용하고 있답니다.

## 내 화석연료 책임비용은 얼마일까?

    냉장고와 에어컨을 사용할 때 또는 주유소에서 기름을 넣을 때 여전히 아무런 생각이 들지 않는다면 지금부터는 달라질 필요가 있어요. 내가 쓰는 전기로 인해 얼마나 많은 온실가스가 배출됐고 지구의 기온을 높였는지 한 번쯤 고민해 보는 건 어떨까요? 가까운 거리인데 귀찮아서 자동차를 이용할 때는 없었는지 되돌아보는 것도 좋아요.

    모두가 스스로 고민하고 달라질 수 있다면 완벽하겠지만, 그렇지 못하기 때문에 경제적인 원칙을 적용해야 한다는 주장도 나와요. 화석연료로 만들어진 값싼 전기를 우리는 마구 쓰고 있지만 전기요금이 엄청나게 올라가면 어떨까요? 돈을 아끼기 위해 사용하지 않는 전자제품의 플러그는 빼고, 전등을 끄는 등 생활이 달라질 거예요. 냉장고가 두 대였던 집은 한 대로 줄일지도 몰라요.

    마찬가지로 주유소에서 파는 기름도 기후 변화와 환경오염에 대한 비용을 미리 지불하도록 바꿀 수 있어요. 사람들은 매일매일 휘발유와 경유의 가격이 얼마인지만 관심을 가져요. 반면 자동차를 운행함으로써 배출되는 온실가스와 대기오염에 대한 책임감은 별로 느끼지 않아요. 최근 이슈가 되고 있는 미세먼지도 자신은 자동차를 포기할 수 없으면서 공기 탓만 하는 경우가 많아요. 기후 변화와 환경오염은 모두 자신이 가해자인 동시에 피해자가 될 수 있답니다.

환경 문제에 책임감을 갖게 하기 위해서 기름의 가격에 환경 개선 부담금을 선불로 포함시키고, 그렇게 걷힌 세금을 기후와 환경 문제를 해결하는 데 사용하는 건 어떨까요?

전기와 마찬가지로 기름값이 올라가면 대중교통을 이용하거나 친환경 자동차를 선택하는 사람들이 많아질 거예요. 전기나 수소 자동차를 구입하면 각종 세금을 덜어 주거나 보조금을 지원해 주는 등 정부가 다양한 혜택을 주거든요.

기업들도 마찬가지예요. 생산한 물건에 배출한 탄소만큼 세금을 매긴다면 기업들은 온실가스를 줄이기 위해 스스로 노력할 거예요. 잘못하다가는 기업이 망할 수도 있으니까요. 이렇게 시장 논리를 기반으로 온실가스를 줄이기 위한 아이디어가 바로 '탄소세'예요. 탄소를 배출한 만큼 톤(t)당 가격을 정해 세금으로 내게 한 제도인데 교토 의정서에서 만들어졌지요. 기업은 탄소를 배출할 수 있는 배출권을 국가로부터 배정받아 모자라면 탄소 거래소에서 돈을 주고 사고, 남으면 팔아서 이익을 거둘 수 있어요.

이러한 대책들은 정부가 주도적으로 시행해야 하지만 국민이나 기업의 반대에 부딪혀 크게 진전을 보지 못하는 경우도 많아요. 미국이건, 우리나라건 전기 요금이나 기름 값이 오르고 세금이 늘어나는 것을 반기는 사람은 많지 않을 거예요. 욕을 먹더라도 화석연료에 의존한 사회 구조 자체를 바꿔 나가야 하지만 나서는 사람은 많지 않아요. 핀란드나 스웨덴 같은 북유럽 국가들도 기업의 경쟁력을 우려한 나머지 석탄이나 석유 관련 제조업에 낮은 탄소세를 부과하고 있는 게 현실이랍니다.

그러는 사이에도 희망은 싹트고 있어요. 일찌감치 화석연료 대신 친환경 에너지를 국가의 주력 자원으로 개발해 온 몇몇 국가들은 서서히 성과를 거두고 있거든요. 독일은 재생 에너지로 생산되는 전력의 비율을 2000년 전체의 6.2%에서 2014년 27.8%로 4배 이상 끌어올렸어요. 특히 봄과 여름에는 재생 에너지가 70~80%를 차지하기도 했는데요. 새로운 기술이 개발되면서 화석연료 못지않게 태양광이나 풍력을 이용한 전기 생산 비용이 저렴해졌기 때문이에요. 2015년 덴마크도 전기의 40% 이상을 풍력으로 생산했어요. 사실 친환경 에너지는 낯설지 않아요. 과거 인류는 화석연료를 개발하기 아주 오래 전부터 바람과 물과 같

은 자연의 힘을 이용해 풍차와 물레방아를 사용하기도 했잖아요.

화석연료의 사용을 중단하게 되면 전기 요금이 오르고 많은 사람들이 직업을 잃게 된다는 주장도 어찌 보면 틀리지 않아요. 하지만 분명 독일과 덴마크 같은 성공 사례가 있는 것처럼 불가능한 일은 아니에요. 지구의 미래를 위해서라면 꼭 해야 할 일이기도 하죠.


## 기후 변화를 막기 위해 우리는 무엇을 해야 할까?

이 글을 쓰고 있는 2020년은 미래의 느낌을 주는 해입니다. 2000년대에 처음 접어들 때만 해도 새로운 밀레니엄이 시작된다고 난리였지요. 그때만 해도 2020년이 되면 자동차가 하늘을 날아다니고 달나라로 여행을 다녀오는 일이 실현될 것만 같았죠. 이제 여러분은 2020년대 이후 미래를 열게 될 주인공이에요. 독일의 메르켈 총리는 2020년 새해를 맞이하며 이렇게 말했어요.

"미래 세대가 평화와 번영 속에서 살 수 있도록 온 힘을 다해 기후 변화와 싸우겠습니다. 지구온난화는 현실이며 매우 위협적입니다. 우리는 인류를 위협하는 기후 변화를 극복하기 위해 인간의 능력 내에서 할 수 있는 모든 것을 해야 합니다. 지금도 늦지 않았습니다. 65세인 나는 지금 정치인들이 행동하지 않았을 때 벌어질 기후 변화의 결과물을 경험하지 못할 수도 있습니다. 하지만 오늘 우리가 행동에 나서지 않아서 나타나는 결과는 우리의 자녀, 그리고 손자 세대가 겪게 될 것입니다."

정치인의 새해 신년사는 보통 희망이 가득 찬 메시지인 경우가 많은데, 뭔가 비장함이 느껴지지 않나요? 독일 정부는 2020년부터 탄소 배출량에 따라 비용을 내게 하는 제도를 실시하기로 했어요. 메르켈 총리는 가장 많은 온실가스를 배출하는 교통과 난방을 시작으로 탄소 배출량 가격제를 확대하겠다는 의지를 보였는데요, 아직 충분한 준비가 되지 않았다는 반발에도 불구하고 독일이 기후 변화에 대한 대응을 주도해 나갈 수 있도록 온힘을 다하겠다고 선언했어요. 정말 멋지지 않나요?

독일처럼 전 세계의 정부들이 같은 마음으로 기후 변화를 늦추겠다는 강력한 의지를 보인다면 정말 수월해질 거예요. 한국도, 중국도, 미국도 독일과 같은 신년사를 발표한다면 얼마나 좋을까요? 그렇지만 현실이 우리의 바람과 다르더라도 두 손 놓고 있을 수 없어요. 정부의 정책만큼이나 개인의 노력도 중요하기 때문이에요. 오히려 더 큰 힘을 발휘할 수도 있어요.

전 세계에서 이산화탄소를 가장 많이 배출하는 국가는 중국과 미국, 인도예요. 그러나 일부 섬나라를 제외하고 2018년을 기준으로 1인당 배출량을 보면 아랍 국가들이 연간 20~30톤 정도로 가장 많아요. 우리나라의 경우 한 명이 13톤 정도를 배출하는데 세계 평균보다도 높은 수치예요. 전 세계 평균 1인당 이산화탄소 배출량은 한 해 7톤 정도예요.

얼마 전 스웨덴에서 1년간 이산화탄소 배출량을 1톤으로 줄여서 살아가자는 캠페인이 있었어요. 건축회사와 자동차 기업의 후원으로 4인 가족이 직접 실험에 참여해 이들 가족에게는 에너지를 거의 사용하지 않는 주택이 제공됐어요. 나무로 지어진 집은 태양광을 이용해 스스로 실내 온도를 조절하고 전기를 생산했어요. 자동차 충전도 집에서 생산된 전기로 하는데, 8시간을 충전하면 150㎞를 달릴 수 있지요. 음식은 가까운 곳에서 나온 제철 음식만 먹고, 전기 제품의 사용 시간도 실시간으로 체크하며 최대한 에너지를 아꼈어요. 이산화탄소 배출량 1톤으로 살아가기는 처음에는 불가능해 보였지만 기술의 도움과 생활습관을 바꿈으로써 현실이 됐지요.

여러분은 어떻게 탄소 배출량을 줄일 수 있을까요? 하루 일과를 되돌아보면서 화석연료와 전기의 힘으로 이뤄지는 일들을 정리해 보세요. 아침에 일어나 샤워를 하고 옷을 입고 자동차를 타고 학교에 가요. 학교를 마치면 학원으로 가거나 집에 와서 전등을 켜고 공부하고 텔레비전을 보거나 컴퓨터를 하고 저녁을 먹고 씻고 잠자리에 들어요. 따뜻한 물과 세탁기, 자동차, 휴대폰, 전등, 텔레비전, 컴퓨터, 냉장고, 전기밥솥 등 곳곳에서 온실가스가 배출돼요. 일주일에 세 번 돌리던 세탁기를 한 번 돌리거나 자동차 대신 대중교통을 이동하고, 텔레비전과 컴퓨터 사용을 줄이는 것만으로도 에너지를 절약할 수 있어요.

물론 화석연료와 전기를 사용하지 않던 석기 시대로 돌아가자는 얘기는 아니에요. 각자의 생활 속에서 큰 힘을 들이지 않고도 할 수 있는 일들이 많다는 거예요. 물론 스웨덴의 가족처럼 제로 에너지 하우스가 있고 전기 자동차가 제공된다면 온실가스를 더 많이 줄일 수 있겠지요. 그러나 우리가 현재 낭비하고 있는 에너지만 조금씩 줄인다고 해도 전 지구적으로는 엄청난 양이에요. 메르켈 총리의 말처럼 오늘 행동에 나서지 않는다면 우리는, 또 우리의 후손들은 결국 건강한 지구를 만날 수 없을 거예요.

최근 제 주변에서도 반가운 일이 있어요. 자동차 없이 살아가기를 실천하는 사람들이 늘었거든요. 버스를 이용하거나 걸어 다니는 모습을 SNS에 인증하는 경우도 늘고 있답니다. 덕분에 서울 시내의 버스와 지하철 노선을 샅샅이 알게 됐다거나, 자동차를 타고 다닐 때 놓쳤던 풍경을 만나게 됐다는 얘기도 들려왔어요. 자연스럽게 다리가 튼튼해지고 다이어트가 가능해진 것도 긍정적인 효과겠지요. 이런 일들이 유행처럼 퍼져 나간다면 온실가스 배출을 줄이고 기후 변화를 막는 데에도 크게 기여할 수 있을 거예요.

"더 빠르게"라는 목표 아래 우리나라는 엄청난 속도의 경제 발전을 이뤄 왔어요. 그 어느 때보다 잘 살게 됐지만, 동시에 환경이 파괴되고 빈부의 격차는 더없이 벌어졌죠. 자연을 되돌아보고 조금 느리더라도 자신과 이웃을 돌보며 살아가자는 반성의 목소리가 커지고 있어요. 지금까지 양적인 성장을 이뤘다면 이제는 질적인 성장이 필요하지 않을까요? 현재와 함께 미래도 고민하고 나뿐만 아니라 태평양 섬

나라의 친구들을을 이해하고 공감할 수 있다면 기후 변화라는 지구촌 공동의 문제를 풀기가 더 쉬워질 거예요.

## 행동하는 기후학자와 행동하는 청소년

불과 일주일 뒤의 날씨를 맞히기도 어려운데 어떻게 100년 뒤의 기후를 예측할 수 있는 걸까요? 날씨와 기후의 차이점에 답이 있어요. 날씨는 매순간 변하는 대기의 상태에 따라 불확실성이 커지지만, 기후는 날씨보다 평균적이고 지속적인 특징이 있어요.

기후학자들은 온실가스가 배출되면 지구의 기후가 어떻게 바뀔지 내다보기 위해 기후 예측 모델을 사용해요. 복잡한 수학 방정식으로 만들어진 기후 예측 모델은 1970년대에 처음 탄생했어요. 당시에는 비교적 단순한 형태였지만 날이 갈수록 정교하고 복잡해지면서 미래의 기후를 더 정확하게 예측할 수 있게 됐어요.

여러분은 '기후 변화 시나리오'라는 말을 들어 봤나요? 영화나 드라마의 시나리오처럼 기후 변화에도 시나리오가 있어요. 미래에 온실가스를 얼마나 배출하는지에 따라 서로 다른 시나리오가 펼쳐지게 되는데요. 지금처럼 온실가스를 펑펑 배출한다면 21세기 말에는 지구의 평균 기온이 산업화 이전보다 3℃ 이상 올라갈 전망이에요. 과감하게 온실가스를 억제하는 정책을 취한다고 해도 지구의 기온은 최소 1℃ 정도 더 상승할 것으로 예측됐어요. 한번 배출된 온실가스는 지구의 대기에 수백 년간 머물며 온난화를 불러오기 때문이에요. 그래서 파리 협약에서는 기온 상승폭을 가급적 1.5℃로 억제하기로 합의했어요. 이 과정에서 중요한 역할을 한 기후학자가 있어요. 바로 제임슨 한센 박사예요.

물리학 박사인 한센은 미국 항공 우주국에서 일하면서 1980년대부터 지구온난화의 증거를 수집했어요. 「지구온난화라는 시한폭탄을 파괴할 수 있을까」라는 논문을 비롯해 수많은 학술적 연구를 했고, 백악관 앞에서 시위를 하다가 체포되고 기후 변화에 대한 증인으로 의회에 나서는 등 행동하는 과학자로 이름이 높아요. 기후 변화 회의론이 지배하던 시절에도 한센 박사는 인간이 초래한 기후 변화가 자연적인 주기를 벗어났다고 강력하게 주장했어요. 온난화를 멈추기 위해서는 광범위한 국제 협력이 필요하다며 기후 변화 대처에 소극적인 정부를 비판하기도 했답니다. 가장 많은 온실가스를 배출하는 석탄 발전은 2030년까지 완전히 폐지해야 한다며 석탄을 죽음의 열차에 비유하기도 했지요. 트럼프 대통령과 정반대되는 주장을 한 건데요, 무척 용기가 필요한 행동이었을 거예요.

한센 박사의 활약에도 불구하고 기후 변화에 의문을 보이는 과학자들은 여전히 존재해요. 그들은 기후 변화 시나리오의 사소한 부분에도 딴죽을 걸고 자료 수집이 완벽하지 않다는 점을 공격하기도 하지요. 그러나 시간이 지날수록 더 정확한 기후 예측 모델과 슈퍼컴퓨터가 개발되고 관측 자료도 촘촘해지고 있어요. 과학적으로 기후 변화를 반박할 수 있는 여지가 점점 더 사라지고 있지요. 그만큼 기후 변화의 위험성을 처음으로 알린 한센 박사를 비롯한 행동하는 과학자들의 역할은 컸습니다.

여러분도 기후를 연구하는 과학자의 길을 걸어 보지 않을래요? 지구온난화와 기상 이변이 갈수록 심해지면서 행동하는 기후학자의 중요성은 나날이 커지고 있답니다.

기후 변화에서 기후 위기와 기후 재앙으로 지구의 기후 상황이 계속 안 좋아진다면 어떻게 될까요? 이에 따른 피해는 고스란히 다음 세대가 지고 가야 할 짐이 될 수밖에 없어요. 온실가스를 많이 배출하지 않은 어린아이들이 미래에 그 짐을 짊어지겠죠. 기후 변화는 결국 세대 간 불평등을 발생시킬 수 있어요.

최근 이러한 문제의식에서 출발해 활발하게 활동하고 제 목소리를 내는 청소년들이 늘고 있어요. 2020년 봄, 우리나라에서는 10대 청소년들이 "정부의 소극적인 기후 위기 대응이 생명권 등 헌법적 기본권을 침해하고 있다"며 기후 변화 관련 소송을 처음으로 제기했어요. '청소년 기후행동'이라는 단체에 소속된 19명의 청소년들은 온실가스 감축에 대한 정부의 소극적인 정책이 헌법에 위배된다는 헌법 소원 심판 청구서를 헌법 재판소에 제출했는데요, 대상은 바로 대한민국 국회와 대통령이었어요.

"정부가 지금처럼 기후 위기에 소극적으로 대응할 경우 기후 변화에 따른 기후 재난을 막을 수 없다. 그에 따른 생명권과 환경권, 인간다운 생활을 할 권리 등 기본권 침해의 피해는 미래 세대인 청소년들이 입게 된다."

여러분은 어떻게 생각하나요? 기후 변화에 대한 전망치를 제시할 때 항상 2050년이나 2100년의 시나리오가 나오는데, 그 미래를 살아갈 주인공은 바로 현재의 여러분이잖아요. 미래를 위해서 온실가스를 막을 수 있는 강력한 정책이 필요하지만 현재의 어른들은 별로 효과적이지 않은 추상적인 목표만 제시하고 있다는 거예요. 정부는 온실가스를 줄이겠다는 목표를 세운 뒤 이를 달성하지 못하게 되자 자체적으로 정책을 폐기해 버리고 책임을 지지 않았어요.

청소년들은 이번 소송을 통해 더 이상 자신들의 권리를 침해당하지 않겠다고 선언했어요. 자발적으로 모여 거리로 나와 행동했지요. 가까운 10년, 20년 뒤 지구의 미래도 상상할 수 없다고 말하는 이들은 앞으로 자신들과 같은 더 많은 청소년들이 거리로 나서게 될 것이라고 말했어요.

스웨덴 출신의 청소년 환경운동가 그레타 툰베리를 알고 있나요? 툰베리는 2019년 9월 미국 국제연합 본부에서 열린 '기후행동 정상회의'에서 이런 말로 연설을 시작했어요.

"저는 여기 단상 위가 아닌, 바다 반대편 학교에 있어야 합니다. 당신들은 빈말로 내 어린 시절과 내 꿈을 앗아갔어요."

파리 협약의 시행을 앞두고 전 세계의 정상들이 모인 자리였는데요. 학교에 있어야 할 툰베리는 정부 대표들을 향해 기후 변화로 사람들이 고통받고 죽어가고 있다고 호소

했어요. 생태계가 무너지고 대규모 멸종의 시작을 앞두고 있는데 정부는 경제 성장만 바라보고 있다고 비난했죠.

이날 툰베리는 정상회의 직후 다른 청소년 15명과 함께 독일, 프랑스, 브라질, 아르헨티나, 터키 등 5개국이 아동권리조약에 따른 의무 사항을 지키지 않았다며 유엔 국제협약에 소송을 제기했어요. 기후 위기를 해결하기 위한 적절한 행동을 취하지 않았기 때문에 자신들의 인권이 침해당했다는 거예요. 우리나라의 청소년들이나 해외의 청소년들이 주장하는 핵심은 비슷하죠? 기후 변화가 불러올 결과와 피해가 너무나도 명확한데 경제적인 이유로 서로 눈치만 보며 행동을 미루는 어른들에게 일침을 가한 거예요.

실제로 기후 변화에 대한 피해는 어린이와 청소년들에게 향하고 있어요. 지구가 더워지면 말라리아, 뎅기열 같은 모기로 인한 전염병이 증가할 수도 있는데요, 유니세프는 기후 변화의 결과로 발생한 이러한 질병에 어린이 계층이 가장 취약하다고 경고했어요. 전 세계 5세 미만의 어린이 가운데 90%가 기후 변화로 인한 질병에 노출돼 있다고 분석하기도 했는데요, 특히 가뭄과 이상 기후로 인한 강수량 변화는 식량 부족을 불러와 어린이들의 건강을 심각하게 위협하고 있죠.

지중해 동부 지역에서는 강수량이 지속적으로 줄어들어 농사를 짓기 점점 어려워졌어요. 2007년부터 2010년까지 사상 최악의 가뭄이 계속되었고, 농민들은 도시로 몰려가거나 이웃 국가인 이집트 등지를 떠돌며 결국 난민으로 전락하고 말았죠. 이들을 기후 난민 또는 환경 난민이라고 불러요. 난민이라는 단어는 전쟁의 이미지를 떠올리게 하는데요, 기후 변화는 전쟁만큼이나 많은 사람들의 목숨을 위협하고 삶의 터전을 뒤흔들고 있어요. 특히 힘이 없는 어린이들은 가장 큰 피해자예요.

유엔아동권리협약 제12조에 따르면 아동은 그들 스스로에게 영향을 미치는 문제를 결정할 때 의견을 말할 권리가 있고, 어른들은 어린이의 의견에 귀를 기울여야 합니다. 유니세프는 더 많은 어린이들이 유엔 정상회의 같은 행사에 직접 참여해 목소리를 낼 수 있게 해야 한다고 말했어요. 여러분도 이 책을 읽으면서 기후 변화가 재앙이 되기 전에 어떤 활동을 할 수 있을지 고민해 보면 좋겠어요. 거리로 나가거나 소송에 참여하는 것도 좋지만 개인 블로그나 SNS도 강력한 힘을 지니고 있어요. 여러분이 마음만 먹으면 기후 변화를 늦추기 위한 전 세계 공동 미션의 주인공이 될 수 있답니다.

# 원자력은 미래를 구할 친환경 에너지일까?

우리나라도 기후 변화와 미세먼지 문제로 석탄 화력 발전소를 점차 줄여 나가고 있어요. 지은 지 30년이 넘은 오래된 발전소부터 가동을 중단하고 재생 에너지의 비율을 점차 늘려 나가기로 했어요. 오래된 발전소에서는 더 많은 온실가스와 미세먼지가 뿜어져 나오기 때문이에요. 그런데 석탄 발전소의 가동이 중단되면 전기 요금이 오를 것이라는 걱정과 함께 어김없이 등장하는 얘기가 원자력 발전이에요.

원자력 발전을 하면 온실가스와 미세먼지를 배출하지 않으면서 값싸게 전기를 생산할 수 있는데 왜 자꾸 재생 에너지만 고집하느냐는 목소리이죠. 원자력 발전은 우라늄 같은 원소의 핵이 쪼개지면서 나오는 엄청난 에너지를 이용하는데요, 처음 개발됐을 때는 인류의 에너지 문제를 완전히 해결해 줄 꿈의 에너지로 여겨지기도 했답니다.

그러나 원자핵이 분열하는 과정에서 위험한 방사성 물질이 함께 나오기 때문에 엄격한 안전 관리가 필요하고, 사용을 한 뒤 남은 핵연료와 폐기물을 처리하는 과정도 쉽지 않아요. 사후 처리 비용까지 합하면 원자력 발전은 결코 값싼 발전이 아니라고 반대하는 과학자들도 많아요.

미국은 1970년대 이후부터 새로운 원자력 발전소를 건설하겠다는 계획을 발표하지 않고 있어요. 반면 화석연료를 대부분 수입하는 우리나라와 일본, 서유럽 국가들은 원자력 발전을 확대했어요. 그러다가 1986년 4월 구소련 체르노빌에서 원자로가 폭발하는 대형 사고가 발생했어요. 유럽 전역이 방사성 물질에 오염되면서 많은 사람들이 목숨을 잃고 암에 걸리는 등 끔찍한 피해를 입었지요. 체르노빌 원전 사고는 전 세계적으로 원자력 발전을 줄여 나가는 계기가 됐고, 특히 독일에서는 2022년까지 원자력 발전소를 완전히 폐쇄하기로 결정했어요.

2011년 3월에는 일본 동북부에서 규모 9.0이라는 최악의 지진이 일어났어요. 후쿠시마 원자력 발전소가 파괴되었고, 지금까지도 방사성 물질로 오염된 냉각수를 바다에 내보내는 문제가 이슈되고 있어요. 우리나라 원자력 발전소는 지진에 견디는 내진 설계가 잘 되어 있다고 정부는 강조하지만 경주나 포항 등지에서 강력한 지진이 늘어나면서 두려움이 커지고 있지요.

원자력 발전이 온실가스를 배출하지 않는 것은 사실이지만 건설비용이 수조 원이나 들고 방사성 폐기물 처리 문제도 여전히 숙제로 남아 있어요. 원자력의 경우 직접 발전에 사용한 핵연료뿐만 아니라 직원들이 사용한 옷이나 장갑, 부품도 모두 방사성 물질에 오염되어 있어 지하 100m 정도의

깊이로 동굴을 파서 시멘트로 꽁꽁 밀봉해 묻어야 해요. 원자력 발전 분야의 선진국인 미국에서도 방사성 폐기물을 네바다 주의 유카산 밑에 보관하려고 했다가 30년 이상 결론이 나지 않아 흐지부지됐답니다.

만약 내가 사는 곳에 원자력 발전소가 들어서고 방사성 폐기물 처리장이 지어진다면 어떨까요? 원자력 발전에는 내부의 열을 식히기 위한 엄청난 양의 냉각수가 필요해요. 우리나라에서는 차가운 바닷물이 풍부한 동해안에 원자력 발전소가 많이 들어섰고, 방사성 폐기물 처리장은 경주에 지어졌는데요, 최근 원전 근처 땅 밑에 지진을 일으킬 수 있는 활성단층이 발견되면서 사람들의 불안이 커지고 있어요.

미래에도 불안한 원자력에 계속 의지할 것인지, 비용은 더 들지만 안전이 보장된 재생 에너지에 대한 투자를 늘릴 것인지, 여러분이라면 어떤 선택을 할까요? 지금 당장 원자력 발전을 멈출 수 없더라도 미래를 위해 서서히 줄여 나가야 하지 않을까요? 전기의 많은 양을 재생 에너지로 생산하는 유럽의 사례는 우리에게 교훈을 줍니다.

생각이 크는 인문학_기후 위기

**지은이** 신방실
**그린이** 이진아

**1판 1쇄 발행** 2020년 9월 21일
**1판 3쇄 발행** 2023년 4월 1일

**펴낸이** 김영곤
**키즈사업본부장** 김수경
**기획편집** 이유리 **에듀3팀** 이영애
**아동마케팅영업본부장** 변유경
**아동마케팅1팀** 김영남 황혜선 이규림 황성진
**아동마케팅2팀** 임동렬 이해림 안정현 최윤아
**아동영업팀** 한충희 오은희 강경남 김규희
**디자인팀** 이찬형

**펴낸곳** (주)북이십일 을파소
**출판등록** 2000년 5월 6일 제406-2003-061호
**주소** (우 10881) 경기도 파주시 회동길 201(문발동)
**연락처** 031-955-2100(대표) 031-955-2177(팩스)
**홈페이지** www.book21.com

**ISBN** 978-89-509-9164-7 43300

책 값은 뒤표지에 있습니다.

• 제조자명 : (주)북이십일
• 주소 및 전화번호 : 경기도 파주시 회동길 201(문발동) / 031-955-2100
• 제조연월 : 2023.04.
• 제조국명 : 대한민국
• 사용연령 : 8세 이상 어린이 제품